기후변화의 과학과 정치

일반인을 위한

기후변화의 과학과 정치

정진영 편

기후변화로 인류의 생존이 위협받고 있다.

무엇이 문제이고 어떻게 대처할 것인가

경희대학교 출판문화원

책을 펴내며

그레타 툰베리(Greta Thunberg)는 2003년 1월 스웨덴에서 태어났다. 그녀는 2018년 8월 학교에 가는 대신 스웨덴 의회 의사당 앞에서 기후 행동을 촉구하는 1인 시위를 시작했다. 어린 소녀의 작은 외침은 스웨덴을 넘어 세계로 이어졌다. 이후 '미래를 위한 금요일'이라는 이름의 등교 거부 운동이 시작되었다. 스티븐 호킹(Stephen William Hawking) 박사는 인간이 멸종을 피하려면 100년 안에 지구가 아닌 다른 행성으로 이주해야 한다고 말했다. 지구가 인간이 살 수 없는 곳으로 변하고 있다는 경고다. 기후변화 과학자들로 구성된 '기후변화에 관한 정부 간 협의체(IPCC)'는 지구온난화가 산업화 이전(19세기 중반)보다 2℃ 이상 상승하면, 인간이 통제할 수 없는 찜통(열실) 지구가 될 것이라 경고했다. 2018년 10월 인천 송도에서 개최된 특별회의에서는 2℃도 위험하다며 1.5℃ 이하로 억제해야 한다고 강조했다. 그런데 지구의 평균기온은 이미 1℃가량 상승했다.

기후변화를 막기 위한 기후 행동(Climate Action)은 절박하다. 기후과학자들의 경고를 엄중하게 받아들인다면, 인류는 하루빨리 화석연료의 사용을 줄이거나 중단해야 한다. 그렇지만 인류 문명은 여전히 화석연료로부터 얻는 에너지를 기반으로 돌아가고 있다. 우리의 일상생활이 얼마나 에너지에 의존적인지는 조금만 생각해봐도 알 수 있다. 화석연료에 대한 의존에서 벗어나지 않으면,

온갖 기상 이변에 따른 피해를 겪어야 하고, 기후변화로 촉발되는 갈등과 분쟁의 혼란을 피할 수 없게 된다. 심지어 지구에서 인류가 살 수 없게 될지도 모른다. 이러한 경고에도 화석연료를 포기하지 못하는 것이 우리 인류가 당면하고 있는 심각한 딜레마다. 이 딜레마에서 벗어나려면 무엇을 어떻게 해야 하는가? 이 물음에 답을 찾으려면 기후변화에 관한 과학적 지식을 사회적으로 확산하고 정치적 공론 형성을 위한 다양한 노력이 필요하다.

2018년 10월 경희대학교에서 '기후변화의 과학과 정치'라는 주제로 토론회가 개최되었다. 기후변화에 관한 과학적 지식을 조금이라도 더 널리 알리면, 기후변화를 막기 위한 기후 행동에 조금이라도 더 많은 사람이 관심을 갖게 될 것이고, 이것이 기후변화와 관련된 정치의 현실을 변화시키는 데 조금이라도 이바지할 것이라는 기대에서 기획된 토론회였다. 이 책에 포함된 글들은 토론회 발표자들의 원고를 다듬어서 만든 것이다. 발표와 원고 보완작업을 위해 기꺼이 수고해 주신 집필진에게 깊은 감사를 드린다. 토론회에는 많은 전문가가 토론자로 참가했다. 기후변화센터 김소희 사무총장, 국립기상과학원 변영화 박사, 국립환경과학원장을 역임한 이화여대 박석순 교수, 환경부 정책실장을 역임한 경희대 이민호 교수, 기후변화학회장(당시)이신 고려대 이우균 교수, 한신대 정건화 교수, 건국대 최영은 교수, 서울대 한상진 명예교수 등이 그들이다.

이날 행사장에선 청중들의 열띤 토론도 이어졌다. 이 지면을 빌어 토론에 참여했던 경희대 교수, 학생, 직원 모두에게 감사를 전한다. 그리고 기후변화 문제에 깊은 관심을 갖고 토론회 개최를 지원하고, 토론회에 참석하여 축사와 더불어 토론에도 적극적으로 참여해 주신 경희대 조인원 총장(당시)께도 감사를 드린다.

기후변화를 막기 위한 기후 행동은 다급한 현실의 문제가 되었다. 개인이나 기업, 국가가 기후변화의 원인을 남의 탓으로 돌리면서 자신의 행동을 과감히 바꾸지 않으면 지구에서의 인류 문명과 생존이 위협받게 된다. 효과적인 기후 행동을 위해서는 마음을 모으는 일이 중요하다. 최근 우리나라에서도 기후변화의 심각성을 깨닫고, 기후 행동의 중요성에 대한 공감대가 커지고 있다. 이 책이 이러한 변화에 조금이라도 이바지할 수 있었으면 하는 것이 모든 집필자의 한결같은 마음이다.

2019년 7월

정진영

차례

제1장

서론: 기후변화와 인류의 미래

정진영 경희대학교 국제학과 교수

지구는 45억 6000만 년 전에 생성됐다. 생성 초기 불덩어리였던 지구는 수소, 수증기, 암모니아, 메탄과 같은 가스로 가득 차 있었고 산소는 존재하지 않았다. 지구의 화산활동과 운석의 영향으로 질소와 이산화탄소가 증가하였다. 산소는 지구가 만들어지고 15억 년 정도 지나면서 박테리아가 생겨나 빛과 이산화탄소로 광합성을 하면서부터 생겨났다. 이후 지구는 수많은 변화를 겪었다. 오늘날 우리와 같은 인류, 즉 호모사피엔스가 태어난 것은 불과 20만 년 전쯤의 일이다. 지구의 나이를 24시간으로 계산하면, 자정 2초 전의 일이었다. 침팬지에서 인류의 조상이 분화하기 시작한 것도 불과 700만 전쯤이었으니, 지구의 나이를 생각하면 지극히 짧은 시간 전의 일이었다.

인류가 태어나기 훨씬 전부터 지구의 바다와 육지에는 갖가지 동식물이 태어나고 서식하며 진화했다. 그러다가 거의 모든 동식물이 멸종하는 이른바 대멸종(Mass Extinction)이 일어나기도 했다. 학자들에 따르면 이런 사건이 지구 역사상 5번 있었다고 한다. 그중에서 가장 유명한 사건은 6500만 년 전 당시 육지를 지배하던 공룡들을 멸종시킨 '5차 대멸종'이다. 이때 육상생물 75%가 함께 절멸했다. 그런데 이 공룡들은 2억 5000만 년 전 지구상 동식물의 95%를 절멸시킨 3차 대멸종 이후 출현하여 1억 5000만 년 이상 지구를 지배했었다.

왜 이러한 대멸종이 일어났는지에 대해서 논란이 있기는 하지만, 소행성의 충돌로 비롯된 5차 대멸종을 제외하면, 나머지 4차례 대멸종은 모두 지구온난화에 그 원인이 있었다고 한다. 물론 그때는 인류가 출현하기도 전이었으니 결국 당시의 온난화는 지각변동과 용암분출 등에 따른 자연현상때문이었다. 그런데 최근 들어 자주 이야기되는 6차 대멸종의 가능성은 인간의 활동에서 비롯된 현상들에 기반을 두고 있다. 산업혁명 이후 급속히 증가한 화석연료의 사용이 대기 중 온실가스 농도를 높이면서 지구온난화가 걷잡을 수 없는 속도로 진행되고 있다. 수많은 동식물이 사라지게 되고, 인간마저도 지구상에서 살기 어려운 환경이 닥쳐오고 있다는 얘기다. 학자들이 오늘날의 지질연대를 인류세(Anthropocene)라고 부를 것을 제안하는 이유도 여기에 있다. 지구의 환경이 인간의 활동으로 지배된다는 의미다.

기후변화가 이처럼 섬뜩한 결과를 가져올 것이라는 과학적 예측들이 나오고 있지만, 많은 사람이 심각성을 인식하지 못하거나 애써 무시하려는 경향이 있다. 세 가지 이유를 생각해 볼 수 있다.

첫째, 과학적 예측의 성격상 확률적 가능성을 얘기하기 때문이다. 그러한 결과가 도래할 가능성이 크지만 그렇지 않을 수도 있다는 데서 위안을 찾는다. 물론 기후변화 부정론자들의 주장도 한몫한다.

둘째, 기온 상승을 산업화 이전과 비교하여 2℃나 1.5℃ 이하로 억제해야 한다거나, 대기 중 온실가스의 농도를 450ppm 이하로 유지해야 한다는 얘기가 이해하기 쉽지 않다. 도대체 이런 수치들이 무슨 의미인지 일상생활 속에서 실감하기 어렵다.

셋째, 개인들이나 국가들 사이에 무임승차의 유혹이 있기 때문이다. 내가 기후변화에 대처하는 행동을 하더라도 남들이 하지 않으면 소용이 없고, 내가 하지 않더라도 남들이 해주면 나도 혜택을 누린다는 지극히 이기적인 계산이 깔려있기 때문이다.

이러한 이유로 기후변화에 대한 지구적 차원의 대응은 어렵고 더디다. 2015년 12월에 어렵게 합의된 '파리기후변화협약'이 제대로 준수될 수 있을지도 의문이다. 트럼프 대통령은 미국의 탈퇴 의사를 이미 통보했다. 개별 국가들의 자율적인 노력에 기초한 온실가스 감축 방식이 걷잡을 수 없는 지구온난화를 막을 수 있는 방법인지에 대한 의구심도 크다. 개별 국가들이 감축 약속을 성실히 이행해도 파리협약이 목표로 하는 2℃ 이하로 지구온난화를 억제하려는 목표의 달성이 어려운데, 개별 국가들의 성실한 약속 이행을 확신할 수가 없다.

인류의 생존 자체를 위협하는 기후변화의 위협 앞에 인류는 서로 다른 국가들과 이익집단들로 나뉘어 반목과 갈등을 거듭하며, 기후변화에 제대로 대처하지 못하고 있다. 인류 생존 차원의 각성과 행동이 필요하지만, 이것을 어떻게 가능하게 할 것인지가 인류가 직면하고 있는 커다란 도전이다.

구테헤스 유엔사무총장의 경고

기후변화 문제와 관련하여 최근 세계적 주목을 받는 사람이 2017년 1월 제9대 유엔사무총장으로 취임한 안토니우 구테헤스(António Guterres)다. 유엔사무총장이라는 직책의 무게와 그의 발언들이 보여주는 경고성 때문에 그의 목소리에 세계가 주목하고 있다. 그는 기후변화의 심각성을 적극적으로 알리고 세계적 행동을 촉구하는 일에 누구보다 앞장서고 있다. 그의 메시지는 매우 강력하다. 그가 전하는 메시지의 주요 내용은 세 가지로 요약될 수 있다.[1]

첫째, 기후변화는 인류에 대한 '존재적 위협(Existential Threat)'이다. 인류가 지구상에서 계속해서 살 수 있을 것인지 아닌지를 결정지을 가장 심각한 도전이며, 이보다 더 중대한 도전은 있을 수 없다는 것이다. 왜 그러한가? 지구온난화를 가져오는 온실가스 배출이 계속 증가하면, 지구환경이 인류의 탄생 이전 상태로 되돌아가고, 인류는 더 이상 지구상에서 살 수 없게 될 수 있기 때문이다. 인류는 지구에서 숨을 쉬고, 영양분을 섭취하며, 적정한 범위의 온도 이내에서 거주할 수 있다. 인류가 탄생한 이후 지구의 온도는 산업화 이전 평균온도를 중심으로 2℃ 아래에서 움직였다. 대기 중 온실가스의 농도는 산업혁명 이전에는 280ppm 정도였다. 육지와 바다에는 다양한 동식물이 함께 서식했다. 그런데 인류가 태어나기 이전 지구의 기온은 산업화 이전 대비 10℃ 이상 올라간 적도 있었고, 대기 중 온실가스 농도도 1,000ppm이 넘었던 적도 있었다. 지구상의 생물은 이러한 지구의 환경변화와 더불어 멸종과 진화를 반복해왔다. 요컨대, 인류가 없는 지구가 이상한 일도 아니고, 사실 거의 모든 지구의 시간 동안 인류는 존재하지 않았다.[2]

산업혁명 이후 인류는 인류가 탄생하기 훨씬 이전인 지금부터 3억 년 전쯤 전에 만들어진 화석연료를 땅 속에서 꺼내 사용하고 있다. 석탄, 석유, 가스는 과거 대기 중에 있던 이산화탄소가 광합성을 통해 유기물질로 전환되고, 이것이 땅속에서 고온·고압으로 압축되어 화석연료로 바뀐 것이다. 그런데 이를 꺼내 연소시키면 땅속에 묻혀 있던 이산화탄소가 다시 대기 중으로 배출되는 것이다. 지구의 대기를 과거로 되돌리는 일인 이유이다. 더욱이 이에 따른 지구온난화로 북극의 영구동토층이나 바닷속 깊이 갇혀있는 메탄이 분출하게 되면, 지구 대기 속의 온실가스 농도는 걷잡을 수 없이 상승할 수 있다. 북극의 영구동토층에 갇혀있는 메탄가스만 해도 오늘날 지구 대기 속에 있는 이산화탄소량의 2배 이상 되기 때문이다. 지구온난화가 이러한 과정을 통해 걷잡을 수 없이 진행되면, 오늘날 지구상에 사는 생물 대부분이 멸종할 위기에 처하게 된다. 여기에는 당연히 인류도 포함된다. 기후변화가 인류의 생존에 대한 위협인 이유이다.

둘째, 기후변화 대응을 위해 인류가 허비할 시간이 없다는 것이다. 하루라도 서둘러 대응하지 않으면 기후변화를 막는 일이 단지 하루 늦춰지는 것이 아니라 더욱 어려워진다는 것이다. 기후변화가 가속화되고 있기 때문이다. 그는 구체적으로 2020년까지 인류가 지구시스템의 경로를 바꾸지 않으면 '걷잡을 수 없는(runaway)' 기후변화의 위험을 피할 수 없을 것이라고 경고한다. 그의 이러한 경고의 배경에는 지구온난화를 산업화 이전 대비 적어도 2℃ 이하로 억제해야 하는 이유가 존재한다.[3] 지구의 평균기온이 산업화 이전 대비 2℃ 이상 상승하면 여러 가지 요인들이 작용하여 지구의 온도를 걷잡을 수 없는 수준으로 상승시킬 것으로 예측되기 때문이다. 즉, 2℃가 변곡점(Tipping Point)이고, 이를 넘어서면 다양한 '티핑 요인들(Tipping Elements)'이 작동하여 지구가 '찜통(Hot House, 열실)'으로 바뀐다는 것이다. 이러한 요인들로는 극지의 빙하가 녹고, 영구동토층과 해저에 갇혀있는 메탄이 방출하고, 열대 우림이 사라지고, 바다의 기온 상승으로 산호초와 식물성 플랑크톤이 사라지고, 바닷물이 산성화되고, 해류의 활동이 중지되는 등의 변화를 들 수 있다.

이러한 티핑 요인들이 작동하기 시작하여 연쇄반응을 일으키면, 지구의 온도는 걷잡을 수 없이 상승하게 된다. 이러한 사태가 발생하는 것을 막고 지구의 기온을 안정 상태로 유지하기 위해서는 지구온난화를 2℃ 이내로 억제해야 한다는 것이다. 그런데 인류에게 이를 위한 시간이 별로 없다고 구테헤스 총장은 경고하고 있다. 그의 표현을 빌리자면, "'파멸적 미래'를 막을 수 있는 '기회의 창'이 닫히고 있다. 우리는 더는 시간적 여유가 없다."

지구온난화를 2℃ 이내로 억제하려면 대기 중 온실가스의 농도가 일정 수준 - 대략 450ppm 정도 - 이상으로 증가하는 것을 막아야 하는데, 2019년 1월 현재 이 수치가 벌써 411ppm을 넘어섰다. 따라서 인류가 화석연료를 태우거나 산업 활동 등을 통해 배출할 수 있는 온실가스의 양이 얼마 남지 않았다.

이러한 현실을 설명하기 위해 고안된 개념이 곧 '탄소 예산(Carbon Budget)'이다. 지구온난화를 2℃나 1.5℃와 같은 목표치 이하로 억제할 수 있는 탄소 배출량의 한계를 가리킨다. 구테헤스 총장은 기후변화에 관한 과학적 근거를 제공해 주고 있는 IPCC의 최근 보고서에 기초하여, 인류가 화석연료의 사용에 따른 온실가스의 배출을 2010년 대비 2030년까지 45% 줄이고, 2050년까지는 제로로 만들어야 걷잡을 수 없는 기후변화의 위험에 빠지는 것을 막을 수 있다고 말한다.[4] 그런데 인류의 온실가스 배출은 2018년에도 전년 대비 2% 이상 증가했다. 이렇게 되면 지구온난화를 막을 가능성이 더욱 멀어지게 된다. 구테헤스 총장의 다급한 호소는 이러한 배경에서 나오고 있다.

셋째, 구테헤스 총장은 세계의 정치·경제 지도자들에게 기후변화의 중대성과 긴급성을 각성하고 행동에 나서 줄 것을 촉구하고 있다. 기후변화의 과학적 근거도 충분하고, 대응의 방법과 기술도 알고 있으며, 심지어 기후변화에 대한 적극적 대응이 경제적으로도 더 이익이 되는 일이기도 하다. 그렇지만 기존의 화석연료에 기초한 경제를 유지하고 성장시키는데 이익을 가진 기득권층의 반대와 정치인들의 현실 안주에 부딪혀 기후변화 대응은 제대로 이루어지지 못하고 있다는 것이다.

쿠테헤스 총장이 호소하는 긴급한 행동은 '에너지 전환'이다. 에너지원을 화석연료에서 태양광과 풍력과 같은 신재생에너지로 하루속히 전환해야 한다는 것이다. 이를 위해서는 우선 화석연료산업에 제공하고 있는 막대한 보조금을 폐지해야 한다고 주장한다. 그는 국제통화기금(IMF) 통계에 기초하여 연간 5조 3,000억 달러의 보조금이 화석연료산업에 직간접적으로 제공되고 있다고 지적한다. 이로 인해 화석연료의 가격이 낮게 유지되면서 신재생에너지로의 전환이 방해받고 있다. 화석연료 사용이 온실가스 배출을 통해 지구온난화를 가져오는 주범이라는 점을 고려하면, 화석연료 사용에는 오히려 높은 세금을 부과해야 한다. 탄소 배출량에 따라 세금을 부가하는 '탄소세(carbon tax)'가 그 방안이다. 탄소세 부과로 화석연료 가격이 상승하면, 화석연료 사용도 줄어들 것이고, 에너지 전환도 급속히 일어날 것이다.

구테헤스 총장은 세계의 많은 투자기금들이 화석연료산업에 대한 투자를 중단하는 결정을 하는 것에 대해 찬사를 보낸다. 석탄, 석유, 천연가스에 대한 투자 중지는 장기적으로 화석연료 공급을 줄이는 효과를 가져올 것이다. 어차피 '탄소 예산'의 제한으로 화석연료를 태우는 데 한계가 있다는 점을 고려하면, 현명한 결정이기도 하다. 지구온난화를 2℃ 이내로 막으려면, 이미 발견된 화석연료마저도 다 태울 수가 없다. 이와 반대로 태양광과 풍력을 사용한 전기 생산의 발전 단가는 급격히 낮아지고 있다. 2010년 이후에만 70%가 낮아졌다. 신재생에너지가 정부의 장려금이 없이도 화석연료와 경쟁할 수 있는 날이 가까워졌다. 더욱이 신재생에너지로의 전환은 수많은 일자리를 창출할 수도 있다. 구테헤스 총장은 〈신기후경제(New Climate Economy)〉의 연구결과를 이용하여 에너지 전환을 위한 과감한 노력이 2030년까지 6,500만 개의 일자리와 26조 달러의 경제적 이득을 가져올 수 있다고 주장한다.[5]

구테헤스 총장의 이러한 메시지들은 세계 곳곳에서 큰 반향을 일으키고 있다. 기후변화 관련하여 많은 시민단체가 국제사회에서 그리고 지역사회에서 활발한 활동을 전개하고 있다. 미국 캘리포니아주 정부는 2018년 9월에 '세계기후행동정상회의(Global Climate Action Summit)'를 개최했다. 유엔에서도 '기후행동정상회의(Climate Action Summit)'를 2019년 9월에 개최한다. 2020년부터 시작되는 파리기후변화협약의 이행을 앞두고 정부, 비즈니스, 시민단체들의 기후변화 행동을 끌어내기 위해서다. 그러나 지구온난화를 세기말까지 1.5℃나 2℃ 이하로 막을 가능성은 점점 더 줄어들고 있다. 화석연료의 사용이 여전히 줄어들지 않고 있기 때문이다. 인류는 아직 지구상 인류의 생존 자체를 위협하는 기후변화에 적극적으로 대응할 준비가 덜 된 것처럼 보인다. 환경운동가 레스터 브라운(Lester Brown)은 2009년에 출간한 『플랜B 4.0: 문명을 지키기 위한 동원』에서 오늘날 기후변화의 재앙을 막기 위해서는 미국이 '전시동원체제'를 가동하여 2차 세계대전을 싸웠던 것 이상의 총체적 동원이 필요하다고 주장했다. IPCC도 2018년 10월에 발표한 〈1.5℃ 특별보고서〉에서 현재의 산업 시스템으로부터의 근본적인 전환 필요성을 역설하고 있다. 사실 유엔이 2015년에 채택한 '지속가능개발목표(SDGs)'도 우리 삶의 방식을 근본적으로 바꿀 것을 요구한다. 이러한 전환 없이는 지구에서 인류의 삶 자체가 지속 가능할 수 없다는 경고이다.

기후변화와 정치의 문제

인간의 화석연료 사용이 기후변화의 재앙을 가져올 것이라는 경고는 이미 오래전부터 있었다. 대기 중 이산화탄소가 지구온난화를 가져온다는 주장은 19세기 중반부터 제기되기 시작했다. 산업화를 위한 에너지원으로 땅속 깊이 묻혀 있는 화석연료를 꺼내 쓰면, 지구의 대기에 문제가 발생하리라는 것을 산업혁명이 한창 진행 중일 때부터 알기 시작했다. 그런데 오늘날 '도쿄의정서'와 '파리기후변화협약'으로 이어지는 국제적 노력은 1992년 브라질의 리우데자네이루에서 개최된 '지구정상회의(Earth Summit)'에서 비롯됐다. 이 회의에서 '기후시스템에 대한 인류의 위험한 간섭을 차단하는 수준으로 대기 중 온실가스 농축을 안정화하는 것'을 목표로 하는 '유엔기후변화협약(UNFCCC)'이 채택되었다. 또한, 같은 해 기후변화의 위험을 경고한 앨 고어(Al Gore) 미국 부통령의 『위기의 지구(Earth in the Balance)』도 출간됐다. 따라서 최소한 이때부터는 기후변화의 심각성이 널리 인식되기 시작했다고 할 수 있다. 그런데도 인류의 온실가스 배출은 1992년 이후에도 줄어들기보다 오히려 더욱 급속히 증가했다. 사실 지난 25년 동안 인류가 대기 중으로 배출한 온실가스가 그 이전 150년 동

안 인류가 배출한 양과 맞먹는 수준이다.[6]

왜 이런 일이 일어나고 있는가? 인간의 화석연료 사용이 온실효과를 일으켜 지구를 인간이 살 수 없는 곳으로 만들고 있는데, 왜 화석연료의 사용을 중단하거나 강력히 규제하지 않는가? 온실가스 배출을 강력히 억제할 방안으로 탄소 배출량에 따라 세금을 부과하는 '탄소세(Carbon Tax)' 도입을 주장하는 목소리가 높지만, 왜 어느 정부도 이러한 방안을 적극적으로 도입하려 하지 않는가? 화석연료의 비중을 줄이고 신재생에너지의 비중을 늘리는 에너지 전환 정책을 적극적으로 추진해야 하는데, 왜 많은 나라가 여전히 화석연료에 보조금을 지급하고 있는가? 이는 결국 정치의 문제이다. 기술적인 문제도 있고, 경제적인 문제도 있겠지만, 기후변화에 대한 대응을 시급하고 과감하게 추진하지 못하는 이유는 결국 정치의 문제이다.

국제적인 차원에서 이 문제를 살펴보면 기후변화에 대한 대응을 위한 국제적인 노력은 항상 누가 더 많은 부담을 짊어져야 하는가의 문제에 봉착하게 된다. 중국이나 인도와 같은 개도국들은 선진국들이 이산화탄소 배출 감축의 의무를 더 많이 져야 한다고 주장한다. 선진국들이 오래전부터 이산화탄소를 대기 중으로 배출해 왔는데 비해, 자신들은 이제 경제발전을 시작했기 때문에 감축 의무를 부담하는 데 한계가 있다는 주장이다. 그렇지만 선진국들은 개도국들이 이산화탄소 배출량을 줄이지 않으면 지구온난화를 막을 수 없는 현실을 지적한다. 개도국들의 이산화탄소 배출이 급격히 증가했고, 최근에는 선진국들보다 더 많이 배출하고 있기 때문이다. 개도국과 선진국 사이의 이러한 대립 때문에 기후변화에 대한 대응을 위한 국제적 논의의 장에서 확립된 하나의 원칙이 바로 '공통의 그러나 차별적인 책임(Common But Differentiated Responsibilities, CBDR)'의 원칙이다. 기후변화 대응이 공통의 책임이기는 하지만 각 나라가 져야 할 책임은 다르다는 것이다. 1992년 리오 지구정상회의 때부터 확립된 원칙이다. 이에 따라 2015년에 채택된 파리기후변화협약도 각국의 온실가스 감축 의무를 자율적으로 책정하도록 했다. 이른바 '국가별 자율 책정 기여(Nationally Determined Contributions, NDCs)'의 원칙이다. 물론 모든 나라가 파리기후변화협약에 참여하여 스스로 기후변화를 막기 위한 대응 행동에 나서기로 한 것은 매우 큰 성과이다. 그렇지만 이 협약이 제대로 준수될지, 그리고 지구온난화를 2℃ 이하로 억제하는 데 성공할 수 있을지는 매우 불확실하다.

각국이 국제적 기후변화 논의의 장에서 이렇게 행동하는 이유는 온실가스 배출의 급격한 감축이 자국의 경제에 미칠 수 있는 악영향 때문이다. 온실가스 감축을 위한 노력이 비용 상승을 유발하여 자국 상품의 국제경쟁력을 떨어뜨릴 것이라고 우려한다. 이러한 상황을 고려하면 전 세계적으로 동등한 배출 기준을 적용해야 하겠지만, 나라별로 다른 여건 때문에 그러한 기준에 합의하기가 힘들고, 스스로 동의하지 않은 기준을 주권국가에 강제하기도 힘들다. 따라서 기후변화가 인류가 직면한 공동의 문제임에도 불구하고 세계 모든 국가가 공동으로 행동을 하도록 하는 데는 어려움이 있다. 그런데 이러한 상황은 국내 정치적으로도 비슷한 상황이다. 기존의 탄소연료 기반 경제체제에 기득권을 가진 사람들은 탄소세 부과나 탄소 배출권 규제 강화를 반대한다. 화석연료에 대한 보조금을 감축하거나 세금을 높이는 것도 당연히 반대한다. 우리나라에서 정부가 유류세를 낮추어 휘발유 가격을 인하하면 대다수 사람이 좋아한다. 하지만 유류세를 인상하겠다고 하면 다들 싫어하는 이유와 같다.

신재생에너지로의 전환이 더 많은 투자를 불러오고, 더 많은 고용을 창출할 수 있어도 기존 에너지시스템의 관성과 기득권 세력의 저항을 넘어서기 어려운 것이 현실이다. 이러한 현실을 타개할 수 있는 돌파구를 정치적으로 만들 수 있다고 주장할 수 있다. 법과 정책을 통하여 에너지 전환을 강력히 추진하면 되기 때문이다. 이런 측면에서 정치는 '도덕적 승수효과(Moral Multiplier)'를 발휘할 수 있다. 각자의 도덕적 각성을 통하여 '의식 있는 소비'를 하게 됨으로써 얻을 수 있는 효과보다 훨씬 강력한 효과를 정치적 변화를 통하여 얻을 수 있기 때문이다. 『인간이 살 수 없는 지구』를 저술하여 세계적 관심을 끌고 있는 〈뉴욕 메거진〉의 데이비드 왈라스-웰스(David Wallace-Wells)가 "개인의 라이프스타일 선택의 효과는 정치가 달성할 수 있는 것에 비교하면 결국 하찮은 것"에 불과하다고 말하는 이유가 여기에 있다. 개인들이 개인으로서 잘하기보다 전체로서 함께 잘할 수 있는 것을 하도록 하는 것, 이것이 바로 '정치의 목적'이다.

정치인들이 인류를 구하는 데 최선을 다하는 '철인 왕'이기를 기대할 수 없다. 시민들의 인식과 행동이 바뀌지 않으면 정치인들의 변화도 기대할 수 없다. 개인들이 '의식 있는 소비'를 하고, 기후행동에 적극적으로 나서지 않는 정치인들과 정당들을 퇴출하려는 각오와 행동을 보여주지 않으면, 정치의 변화를 기대할 수 없다. 시민 개개인의 인식과 행동의 변화가 중요한 이유다. 그리고 기후변화의 과학과 정치의 정확한 내용이 많은 사람에게 시급히 알려져야 하는 이유도 여기에 있다.

책의 구성과 주요 내용

이 책의 본론 부분은 여섯 개의 장으로 구성돼 있다. 기후변화의 과학을 다루는 두 개의 장이 있고, 기후변화의 현상을 다루는 두 개의 장이 있으며, 기후변화 정치와 관련된 두 개의 장이 마지막에 등장한다.

제2장은 국립기상과학원장을 지낸 조천호 박사가 집필하였다. 조 박사는 인류 문명이 지구상에서 오늘날과 같이 번성하게 된 계기를 1만 년 전부터 시작된 '홀로세'의 기후 조건에서 찾고 있다. 마지막 빙하기가 끝나면서부터 시작된 홀로세의 기후는 소빙하기와 온난기의 도래에 따른 변동을 보였지만, 그 변동의 폭이 2℃ 정도에 머물렀다. 인류가 농경을 시작하고, 인구가 급속히 증가하

고, 도시를 형성해서 살 수 있는 이상적인 기후 조건이었다. 그러나 산업혁명 이후 인류가 화석연료를 대량으로 사용하면서 홀로세의 기후 조건이 위협을 받고 있다. 특히 1950년대 중반 이후 인류가 지구환경에 미치는 영향이 폭발적으로 증가하면서 지구시스템의 복원력이 위협을 받는 상태에 이르렀다. 인류가 배출하는 온실가스의 양이 어느 한계를 넘으면, 지구 스스로 이를 수용하지 못하게 돼서 걷잡을 수 없는 지구온난화가 일어나게 된다. 극지의 빙하가 녹아 햇빛을 반사하는 능력이 감소하고, 영구동토층에 갇혀있는 엄청난 양의 메탄이 분출할 수 있으며, 바닷물도 산성화되고 따뜻해져서 지구의 열을 흡수하는 데 한계를 맞게 된다. '지구위험한계'를 벗어나 '찜통 지구'의 길로 접어드는 경로이다. 인류는 지금 문명이 번성할 수 있는 기후 조건을 스스로 파괴하고 있다. 인류문명의 '전환적 변화'가 요청되는 이유이다.

제3장은 APEC 기후변화센터 권원태 원장이 집필하였다. 권 원장은 국립기상과학연구원 원장을 역임하였을 뿐만 아니라 2001년부터 IPCC 총회 대표와 〈평가보고서〉를 작성한 과학자로 참여해온 기후변화 권위자이다. 제3장은 IPCC가 설립된 1988년 이후 기후변화 관련 국제협상에서의 역할을 소개하고, 2015년 파리협정이 체결되는데 이바지한 결정적인 자료인 〈IPCC 5차 보고서〉 작성과정을 조명함으로써 그 중요성을 부각시키고 있다. 〈IPCC 보고서〉는 기후변화에 관한 가장 최신의 지식을 종합·평가하고, 전문가 검토를 거친 뒤 회원국의 만장일치로 승인되는데, 작성에만 3~4년 이상의 기간이 소요된다. 그러다 보니 국제협상 테이블에서 중요한 자료로 인정된다. 가장 최근에 발표된 〈IPCC 5차 보고서(AR5)〉와 지구온난화 〈1.5℃ 특별보고서(SR1.5)〉에서 발표된 핵심 메시지를 정리하면, 1) 지구의 기후가 변하고 있고, 2) 기후변화의 원인이 인간 활동 때문일 가능성이 대단히 크며, 3) 미래의 온실가스 배출량이 많아질수록 온난화가 더욱 빨라질 것이고, 4) 기후변화는 식량, 물, 자연재해, 생태계, 보건, 에너지, 생물 종 멸종, 기후난민 등 사회경제 및 자연 생태계에 심각

한 영향을 미칠 수 있으며, 5) 온난화를 1.5℃ 이내로 제한하기 위해서는 2050년까지 온실가스 순 배출을 제로(Zero)가 되도록 줄여야 한다는 것으로 요약된다.

제4장은 극지연구소의 김성중 박사가 집필했다. 지구온난화로 북극 기온이 올라가는 것이 북반구 중위도 지역의 기후변화에 미치는 영향을 다루고 있다. 최근 들어 우리나라와 미국 동부지방, 서유럽에서 종종 나타나는 여름철 이상 고온과 겨울철 폭설, 한파가 이와 관련이 있다. 김 박사는 북극의 기온 상승이 기압 상승으로 이어지고, 이에 따라 북극과 중위도 지방의 기압 차이 감소가 제트기류에 미치는 영향에 초점을 맞추고 있다. 제트기류는 중위도 고기압 지역에서 북극의 저기압 지역으로 부는 바람이 서쪽에서 동쪽으로 자전하는 지구의 회전에 따라 동쪽으로 휘면서 만들어진다. 따라서 제트기류의 강도와 위치는 북극과 중위도 지역의 기압 차이에 의해서 수시로 변동할 수 있는데, 이를 '북극진동'이라 부른다. 그런데 제트기류가 약화하면, 북극지방의 차가운 공기가 중위도 지방으로 내려오는 것을 막아주는 힘이 약해지기에, 중위도 지역에 한파가 몰아친다. 특히 제트기류가 고른 둥근 원형이 아니라 들쭉날쭉한 형태로 변형되고, 중위도 지역으로 아래로 처진 부분의 위쪽에 있는 지역은 혹한을 맞게 된다. 이에 비교해 제트기류의 강도가 세지거나 들쭉날쭉한 제트기류의 아래에 있는 중위도 지방은 지구온난화의 효과에 따라 무더운 여름이나 따뜻한 겨울을 맞게 된다.

제5장에는 지구온난화가 자연생태계, 특히 극지 고산식물과 한반도의 식생에 미치는 파괴적인 영향에 대한 경희대 공우석 교수의 분석이 담겨있다. 1만여 년 전에 끝난 최후빙하기의 최성기 빙하에 덮였던 유럽지역에서는 많은 동식물이 사라졌다. 하지만 한반도는 그러한 동식물들의 피난처였다. 그러다 보니 우리나라는 자연생태계가 다양한 지역이 되었다. 한반도보다 면적이 조금 넓은 영국에 자생하는 고등식물은 약 1,500종인데 비해 한반도에는 그보

다 3배가 많은 약 4,500여 종이 자란다. 이 차이는 최후빙하기에 영국 대부분이 두꺼운 빙하로 덮였던 데 비해, 한반도에서는 높은 산지에만 드물게 빙하가 있었기 때문이었다. 그런데 지구온난화가 계속되면 한반도의 자연생태계에 큰 피해가 발생할 것이다. 공 교수는 "백두대간과 한라산 정상 일대에 고립되어 분포하는 극지 고산식물과 고산식물이 가장 큰 위기를 맞을 것이다. 기후변화에 따라 자연생태계가 교란되거나 멸종하게 되면 아무리 노력해도 복구할 수 없다."라고 경고한다.

제6장은 기후변화에 대한 국제사회의 대응을 설명하는 장으로 환경경제학자인 경희대 오형나 교수가 집필하였다. 오 교수는 '죄수들의 딜레마' 상황에 놓인 주권 국가들이 국제적인 기후협력을 발전시키는 것을 게임의 장기화와 기후변화의 파괴적 효과를 통해 설명하고 있다. 즉, "국가 간 경쟁을 자제하고 협력하는 데 성공할 경우 기후시스템이 유지되며, 모든 국가가 경쟁하던 때보다 나은 상황, 다음 세대의 생존이 가능한 미래에 다다를 수 있어서 기후변화에 대한 국제협력의 유인과 가능성이 존재한다."라는 것이다. 오 교수는 이러한 논리를 적용하여 1992년 'UNFCCC'가 체결되고 1997년 '교토의정서'가 채택된 시점부터 2015년 '파리기후변화협약'이 채택되는 과정을 주요한 사건 중심으로 설명하고 있다. 그리고 쿄토의정서와 파리기후변화협약 사이에 존재하는 중요한 차이에 관해서도 설명하고 있다. 그런데 파리협약 이후 국제사회는 다시 '고질적인 책임론과 견해 차이'가 나타나기 시작하면서 '장기의 협력게임'이 다시 '단기의 비협력 게임'으로 전환되는 모습을 보여주고 있다고 평가한다. 그렇지만 오 교수는 기후변화를 둘러싼 국제사회의 다양한 행위자들 사이에 동태적 네트워크가 작동하고 있어서 파리협약이 살아남을 것이라는 기대를 버리지 않고 있다.

제7장은 기후변화 이슈들의 정치화 가능성을 다루고 있는데, 한양대 에너지거버넌스 센터의 김성진 박사가 집필하였다. 김 박사는 일반적으로 환경 관련

이슈들이 정치화되는 현상을 설명하는 이론적 모델을 원용하여 기후변화 이슈들이 정치적 의제로 발전하지 못하는 이유를 설명한다. 그에 따르면 기후변화 이슈들이 정치화되려면 '지식, 우려, 긴급성이라는 세 가지 요건'을 충족시켜야 하는데, 기후변화는 이 요건들을 모두 충족시키지 못하고 있다고 진단한다.

우선 기후변화에 대한 과학자들의 광범위한 합의가 만들어지고 있지만, 여전히 과학적·정치적 논란이 계속되고 있다는 측면에서 지식의 요건을 아직은 충족시키지 못하고 있다. 두 번째 요건인 우려의 경우, 기후변화가 가시적으로 눈에 보이지 않는다는 측면에서 미세먼지 등과 같은 다른 환경 이슈보다 정치화가 어렵다. 마지막으로 기후변화에 관한 예측들은 대개 수십 년 후에 또는 이번 세기 안에 1.5℃ 또는 2℃ 이하 상승 등의 목표 달성 여부를 제시하기 때문에, 긴급성의 측면에서도 정치적 의제로 발전할 조건이 모자라고 있다. 김 박사는 이러한 진단에 기초하여, 파리기후변화협약이 '인류의 중요한 성취'라는 점은 인정하지만 실제로 온실가스 배출 감축으로 이어져 협약의 목표를 달성하는 데는 실패할 가능성이 크다고 예측한다.

마지막 제8장은 이 글의 결론 부분으로서 편집자가 집필하였다. 여기서는 앞에서 이루어진 논의들을 종합하면서 기후변화를 막기 위한 대책들, 이른바 '기후 행동(Climate Action)'으로 어떤 것들이 현재 거론되고 있는지를 소개하고 있다. 온실가스의 배출을 감축하기 위한 에너지 전환과 에너지 효율 증대, 그리고 대기 중 이산화탄소를 포집·제거하기 위한 기술들, 그리고 흔히 '지구공학(Geoengineering)'이라 불리는 기술들에 관한 최근 연구들을 간략히 소개하고 있다. 또한, 기후 행동의 정치적 측면으로서 정부·사회·개인의 각 차원과 관련하여 이루어지고 있는 논의들을 소개하고 있다.

1 구테헤스 총장의 기후변화 관련 연설문 중에서 다음을 참고하였다. 2018년 3월 29일 유엔본부에서의 기후변화 기자회견 발표문, 2018년 9월 10일 유엔본부에서의 기후 행동 단체들과 미팅에서 한 연설, 그리고 2018년 12월 3일 폴란드 카토비치에서 개최된 유엔기후변화협약 제24차 당사국총회(UNFCCC COP24) 개막 연설 등이다.

2 지구의 온도는 태양에서의 거리와 대기의 양, 대기 중 온실가스의 농도 등에 의해 결정된다. 지구의 대기에 온실가스가 전혀 없으면 지구의 평균온도는 화씨 0℃(섭씨 -18℃)에 이를 것으로 추정된다. 즉, 적절한 온실가스의 존재는 지구를 인간이 살기에 좋은 곳으로 만들어 준다. 지구보다 태양에 가깝고 두꺼운 온실가스로 덮여 있는 금성은 너무 뜨겁고, 지구보다 태양에서 멀고 대기층도 얇은 화성은 너무 추워서 인간이 살기에 부적합하다.

3 지구상의 기온에 대한 체계적인 데이터가 존재하는 시기는 1850년대 이후이다. 따라서 산업화 자체는 1750년대부터 시작했지만, 비교의 준거점으로 사용되는 산업화 이전 지구의 평균온도는 1850년부터 1900년까지의 평균온도를 가리킨다. 그런데 지구상 온도는 지역에 따라 크게 다르다. 따라서 평균 2℃ 상승이란 지역별로 측정한 온도 상승의 평균값이 산업화 이전보다 2℃ 올라간다는 의미이다. 당연히 어떤 지역에서는 이보다 더 상승했을 수 있고, 다른 지역에서는 이보다 덜 상승했을 수도 있다. 2℃가 벤치마크로 사용되기 시작한 것은 2010년 멕시코 칸쿤에서 개최된 UNFCCC COP16에서 채택된 '칸쿤합'의 때부터이다. 국제에너지기구(IEA)가 발행한 2008년도 〈세계에너지전망(WEO)〉은 대기 중 온실가스 농도에 따른 지구온난화 시나리오들을 제시하고 있는데, '450 시나리오'가 지구온난화를 50%의 확률로 2℃ 이내로 억제하는 시나리오인데, 이때 450은 온실가스 농도 450ppm을 가리킨다.

4 IPCC의 〈1.5℃ 특별보고서〉를 가리키며, 여기서 제시된 온실가스 배출 감축 목표는 지구온난화를 1.5℃ 이내로 억제할 수 있는 상황에 해당한다.

5 에너지 전환이 기후변화와 환경문제 대처를 위해 필요할 뿐만 아니라 일자리를 창출하고 경제 성장도 가져올 수 있다는 아이디어는 최근 주목받고 있는 '녹색 뉴딜(Green New Deal)' 정책의 기초가 되고 있다.

6 대기 중 이산화탄소 농도를 살펴보면, 1850년경에 280ppm, 1992년에 350ppm 정도였는데, 2018년에 410ppm을 넘어섰다. 즉, 1992년 이전 약 150년 동안에 70ppm 정도 증가했는데 지난 25년 동안에 60ppm 정도 증가했다.

참고문헌

Brown, Lester. 2009, *PlanB 4.0: Mobilizing to Save Civilization.* London: w.w. Norton & Company.

Gore, Al. 1992. *Earth in the Balance: Ecology and the Human Spirit.* 이창주 역, 『위기의 지구』. 서울: 도서출판 삶과 꿈, 1994.

Guterres, António. 2018a. "Opening remarks at press encounter on climate change." https://www.un.org/sg/en/content/sg/speeches/2018-03-29/climate-change-remarks-press-encounter.

Guterres, António. 2018b. "Remarks on Climate Change" https://www.un.org/sg/en/content/sg/speeches/2018-09-10/remarks-climate-change.

Guterres, António. 2018c. "Remarks at the opening of the COP 24." https://www.un.org/sg/en/content/sg/speeches/2018-12-03/remarks-opening-cop24.

IPCC(Intergovernmental Panel on Climate Change). 2018. *Global Warming of 1.5℃: Summary for Policymakers.* https://www.ipcc.ch/sr15/chapter/summary-for-policy-makers/

Wallace-Wells. David. 2019. *The Uninhabitable Earth: Life after Warming.* New York: The Dugan Books.

제2장

지구시스템 경로

조천호 前 국립기상과학 원장

우리는 기후변화를 인식한 첫 세대이고, 이에 대응할 수 있는 마지막 세대다. 우리 세대 이전에는 인간 활동으로 인한 기후변화의 위험이 없었으나 우리 세대가 지금 기후변화에 대응하지 않으면 앞으로 인류가 통제할 수 없는 재앙이 일어날 것이기 때문이다. 하지만 기후변화 방지를 위한 국제협약 논의가 한창이던 1990년을 기준으로 2017년 세계 이산화탄소 배출량은 무려 63%나 늘어났다. 기후변화에 따른 재앙이 확실한데도 그 대응은 더디다. 이보다 더 자포자기적인 상황이 또 어디에 있겠는가?

인류는 지난 1만 년 동안 500세대에 걸쳐 이루었던 변화를 단 한 생애 동안 바꾸었다. 지구상에서 인간이 만들어 낸 변화의 절반은 단 50년 만에 일어난 것이다. 이 변화는 몇 억 년에 걸쳐 만들어진 '매장된 햇빛'인 화석연료를 단 몇 백 년 만에 태워버리고, 자연이 자원을 회복하는 속도보다 인간이 소비하는 속도가 100만 배 더 빠르게 하여 만들어졌다.

화석연료와 천연자원을 사용하여 이룬 경제발전은 인간 사회를 변화시켰다. 사막에도 큰 도시를 건설할 수 있고, 수많은 사람이 에어컨이 가동되는 사무실에서 근무할 수 있으며, 농부들이 비료와 농약, 펌프, 트랙터를 갖추고 수십 억 명이 먹을 수 있는 식량을 생산할 수 있도록 했다. 이로써 우리는 기후에 덜 의존하게 되었다. 하지만 화석연료 연소로 배출된 이산화탄소가 인간 사회를 기후 충격에 취약하게 만들고 있다. 오늘날 인류는 자연적인 기후변동의 적응을 넘어 오히려 기후변화를 일으키는 주체가 되었다. 온실가스, 오염 먼지와 쓰레기로 지구가 몸부림치면서 지금까지 인류가 문명을 건설하는 기반이 되었던 안정한 지구시스템이 변덕스럽고 불확실한 상태에 내몰려 위험에 빠지고 있다. 지구시스템의 경로가 파국으로 빠져들고 있다.

홀로세

우리와 해부학적으로 같은 호모사피엔스는 약 20만 년 전에 지구상에 등장했다. 그런데 인류는 이보다 훨씬 짧은 약 1만 년 전 홀로세(Holocene)에 접어들어서야 농업을 시작하고 정착할 수 있었다. 홀로세는 인류가 자연과 조화로운 '완전한 시대'라는 뜻이다. 기후변동이 매우 작은 안정된 시기이다. 홀로세 이전 인류는 수렵과 채취로 구석기 삶을 영위했다.

그린란드의 빙하코어로부터 산출한 지난 10만 년 동안의 기온 변화에서 그 해답을 찾을 수 있다. 이 기간 대부분을 차지하는 빙하기에는 중고위도 지역까지 빙하 지역이 확장되었고, 해양으로부터 수증기 증발이 적어 사막이 넓어졌다. 지금보다도 열대와 고위도 지역 간의 기온 차가 커서 바람이 몹시 강했다. 우리 조상들은 오늘날의 이상기후보다 열 배는 더 심한 변덕스럽고 혹독한 기후에 맞서야 했다. 예를 들어 태풍이 매년 한 번 한반도를 지나간다면, 엄청난 복구 노력을 거쳐 피해가 있긴 해도 추수가 가능하다. 만약 태풍이 매년 열 번 휩쓸고 지나가면 농업을 포기해야 할 것이다. 이처럼 빙하기에는 농업을 할 수 없는 조건이었으므로 사냥꾼과 채집자로서 삶을 영위할 수밖에 없었다.

2만 년 전부터는 기후가 따뜻해지면서 빙하가 빠른 속도로 후퇴했다. 약 1만 1700년 전부터 폭풍우가 몰아치던 기후가 누그러지기 시작했다. 현재의 따뜻한 간빙기인 홀로세에 진입한 것이었다. 홀로세에 들어서자마자, 인류는 계절에 따른 식량 생산 과정을 예측할 수 있어 작물을 경작하고 가축을 키우며 비로소 정착하였다. 구석기에서 신석기로의 전환이 일어난 것이다. 정착성 농업으로 변화되어 현대 사회 발전의 열쇠가 되었다. 농업은 전문화, 기술 개발, 규칙과 규범, 인구를 부양하는 식량 공급 능력의 획기적인 발달을 가능케 했다.

홀로세 전에도 인류는 오랫동안 생존해왔지만, 매우 적은 인구만이 극단적으로 어려운 환경에서 살아남았다. 홀로세의 기후 조건은 인류에게 이상적인 상태였다. 농경을 시작한 결과 잉여와 축적이 생겨났다. 수렵과 채집 생활할 때와는 다른 인구의 조밀화가 일어나면서 도시와 국가가 생겨날 여지를 만들어 주었다. 이런 과정에서 문자도 생겨나고 소위 '문명'이 탄생했다.

홀로세는 인류 문명을 탄생시키고 발전시키기에 가장 바람직한 조건을 제공했다. 홀로세 동안에 현대 사회와 경제발전의 기반이 되는 유용한 생태계가 모두 정착되고 확장되었다. 이러한 관점에서 볼 때, 홀로세의 시작은 믿을 수 있는 상품과 서비스를 제공하는 쇼핑몰을 설립하는 것과 같았다. 우리는 산림, 경작지, 산호초, 목초지, 물고기, 포유류, 박테리아, 공기 질, 빙하, 기온과 담수 가용성을 믿을 수 있는 쇼핑몰인 홀로세에서 공급받고 있다. 우리가 얻는 물, 우리가 누리는 기후, 우리가 먹는 식량, 우리가 의존하는 지구시스템과 생물다양성은 홀로세의 환경 범위 안에서 이루어진다. 만일 빙하기와 같은 난폭한 기후가 오늘날에도 나타나 홀로세를 떠난다면, 75억 명의 인구를 먹여 살릴 수 없고 다양한 문명을 지속시킬 수 없다. 우리는 여전히 우리의 번영과 행복을 홀로세에 기대고 있다. 홀로세는 우리 문명의 에덴동산이다. 사실 75억 명의 인구를 먹여 살리고 현대 사회를 지탱해줄 수 있는 유일한 지구 상태이다.

인류세

오늘날 지구시스템을 위험에 빠뜨리는 근본 원인인 경제 성장은 공짜로 이루어지는 게 아니다. 그 비용을 치러야 한다. 지구가 자원과 에너지를 감당해야 이루어질 수 있다. 그러나 지구는 인간의 이기적이고 파괴적인 수탈을 견딜 만큼 크지 않다. 지구의 삼림, 바다, 경작지, 담수, 자원과 에너지에는 모두 한계가 있다. 성장을 추구하는 체계는 엄청난 양의 자연 자원과 에너지를 빨아들이고, 엄청난 양의 온실가스, 오염 먼지와 폐기물을 쏟아내면서 무한 증식을 하려 한다. 그렇지만 이 체계는 시작부터 끝까지 자연에 의존하면서도 그 모태인 자연을 파괴하고 고갈시킨다. 결국, 끝없는 성장은 지구의 물리적 한계를 피할 수 없다. 유한한 지구에서 무한한 성장과 소비는 불가능하다.

홀로세에서도 간혹 참혹한 홍수와 문명을 무너뜨린 가뭄과 같은 사건들이 있긴 했지만, 그전보다 기후 변동성이 극히 작은 안정된 시기였다. 그러나 산업혁명 이후 인류의 삶은 안정과 지속에서 혼란과 변화로 바뀌기 시작했다. 특히, 1950년대 중반부터 인류가 지구환경에 미치는 영향력이 폭발적으로 커지는 이른바 '거대한 가속(Great Acceleration)'이 일어났다.

'거대한 가속'은 지구환경의 파괴와 궤를 같이한다. 기후변화, 생태계 파괴, 급격한 지구환경 변화는 우리에게 전례 없는 이득을 안겨주었던 동전의 또 다른 면이다. 인류가 지금처럼 또는 지금보다 더 잘 살아가려면 부득이 치러야 할 비용이다. 이 비용 때문에 홀로세가 위기에 처하고 있다.

〈글로벌 생태 발자국 네트워크(GFN)〉는 2018년 기준으로 세계 소비를 유지하려면 지구가 1.7개 필요하다고 발표했다. 지금 우리는 미래 세대가 쓸 것까지 가져와서 쓰고 있는 것이다. 우리가 농부라면 다음 봄에 밭에 뿌릴 씨앗을 먹고 있는 꼴이고, 은행가라면 이자가 아닌 원금으로 살아가고 있는 꼴이다. 이 상태가 계속되면 머지않아 파산과 더불어 공멸할지도 모른다.

전 세계인이 한국인처럼 자원을 소비하면서 살려면 지구가 3.5개 필요하다. 우리나라는 전 세계에서 미국과 호주 다음 순위로 자원을 과도하게 사용 중이다. 또한, 한국인은 자기 국토 기준으로 1인당 평균생태용량의 8.5배가 넘는 생태 발자국을 남기고 있다. 외국으로부터 수입 없이 우리나라가 현재의 생산과 소비를 유지하려면 8.5배 남한 면적이 필요하다는 의미이다. 이 생태 발자국은 우리나라가 세계 최고 수준으로 취약함을 보여준다. 다시 말해 세계적으로 자원과 에너지의 공급이 부족하거나 그 가격이 폭등하면 우리나라가 가장 어려운 상황에 부닥치게 된다. 자원과 에너지에 의존한 경제 성장은 우리나라를 더욱 위험에 빠뜨릴 가능성이 크다.

인류는 생태계에서 한구석을 차지하고 있을 뿐이지만, 이제는 그 구석이 너무 커져 전체를 왜곡하고 있다. 인간 활동은 화산 분출, 빙하주기와 지각판 운동보다 더 큰 크기와 속도로 지구에 영향을 미친다. 그리고 인류에 의해 생물다양성이 소멸하는 속도는 과거 대멸종 시기의 수준이다. 지질시대는 지질학적 큰 변동이나 특정 생물의 멸종을 기준으로 구분하므로 오늘날은 기존의 지질시대와 달리 불러야 한다. 새로운 지질시대는 자연의 힘으로 주도되는 것이 아니라, 의식적이고 자발적인 존재인 인간의 힘으로 일어나고 있다. 즉, 인류(그리스어로 Anthropos)는 우리 자신의 시대(cene), 즉 인류세(Anthropocene)를 열어젖힌 것이다. 인류세는 오존층 연구로 노벨화학상을 받은 파울 크루첸 교수가 2000년에 처음 제안하였다.

인간 활동이 지구시스템의 궤적에 큰 영향을 미친다는 사실은 지구시스템 과학뿐만 아니라 사회적 의사결정에서도 큰 의미가 있다. 여러 사회가 지구시스템에 각기 불균질하게 압박하므로 미래 궤적을 바꿔놓을 수 있는 잠재력도 제각각 다르다. 그렇더라도 지구시스템의 미래 궤적을 분석하는 데는 인간이 지구시스템에 미치는 영향의 총량을 고려해야 한다.

이제 인류는 전례 없는 도전에 직면했다. 얼마 전까지 '큰 행성(big planet)'에서 인류가 이룬 '작은 세상(small world)'은 별 탈 없었다. 지구가 아주 커서 우리가 지구를 파멸할 수 있으리라 미처 생각하지 못했다. 이제 우리는 이러한 우호적인 지구에서 자신을 밀어내고 있다. 우리는 '큰 행성의 작은 세계'에서 '작은 행성의 큰 세계'로 들어섰다.

특히, 기후변화로 인한 위험이 뚜렷하게 커지고 있다. 산업혁명 이후 온실가스 농도가 해마다 높아져 지난 100년 동안 지구 평균기온이 약 1℃ 상승했다. 과거에 마지막 빙하 최대기에서 현대의 간빙기에 도달하는 약 1만 년 동안 기온이 약 4~5℃ 상승했었다. 인간에 의한 온난화 속도는 이보다 약 20~25배 빠르다. 이것은 마치 우리가 시속 100km로 고속도로를 달리는데, 갑자기 차가 이상해져 시속 2,000km 이상으로 질주하게 되는 것과 비슷한 상황이다. 2015년 파리기후협약에서 지구 탄성력을 유지하기 위해 2℃ 이내로 기온 상승을 제한하기로 했다. 이것은 빙하기와 간빙기 간의 기온 차에 비교한다면 결코 작은 변화가 아니다.

기록이 한 번 깨지면 우연이다. 다시 깨지면 우연의 반복이다. 세 번째 깨지면 추세가 된다. 매번 깨지면 변화가 된다. 이렇게 기후변화는 명백하게 되었다. 지구는 인간이 가하는 온실가스라는 충격을 받아 인간에게 재해성 날씨로 되돌려준다. 비정상이라고 간주했던 재해성 날씨는 이제 우연이 아니라 정상이 되었다.

이처럼 인간 활동이 지구의 자연 과정을 넘어섬으로써 지구가 작동하는 온전한 방식을 위협한다. 이 위협은 많은 것을 욕망하고, 많은 것을 내다 버리면서도 그로 인한 결과에 대해서는 아무 고민도 하지 않는 악순환을 반복하기 때문이다. 이것은 단기적으로는 이익을 안겨주지만, 장기적으로는 지구 복원력을 저해하여 취약성을 축적한다.

인류세에 진입했음에도 아직 지구가 '별문제 없어' 보일 수도 있다. 그러나 실제 그렇지 않다. '별문제 없어' 보이는 이유는 지구가 인간이 가하는 압박을 완충시키고 완화하기 때문이다. 다시 말해, 지구가 복원력이 높을 때는 그 평형 상태를 유지하기 위해 이른바 음의 되먹임이 작용한다. 불만스럽게 요구하는 아이에게 끈기 있게 대응하는 어머니처럼, 지구는 인류가 가하는 스트레스와 폐해를 흡수한다. 지구가 견딜 수 있는 능력도 한계가 있다. 지구도 지속적이고 강력해지는 충격으로 속은 멍들고 있다. 유한한 지구에서 무한한 물적 성장과 과도하게 소비할 수 있도록 자연이 인간에게 한량없이 베풀어 주지는 않는다.

기후변화나 환경오염 같은 자연재해는 공간적 경계를 넘어서 전 세계에 영향을 주며, 방사능과 각종 폐기물 등은 세대를 넘어서 영향을 미친다. 우리가 유례없는 위업을 달성하고 대규모로 지구를 지배하기 시작한 이 시점에, 바로 그 때문에 우리가 지속할 수 없다는 사실을 깨달았다. 위기는 변화의 선결 조건이므로 우리는 중요한 분기점에 있다. 뒤에는 억겁의 지질 역사가 있고, 앞에는 인류세에 접어드는 불확실성이 있다.

과거에는 우리가 의존하는 지구환경이 안정되어 있어 예측할 수 있었다. 우리 선조들은 그들의 아이들이 살아갈 지구환경이 그들과 같으리라고 생각할 수 있었다. 그들이 저지른 일로 인하여 지구환경이 위협에 직면한 적이 없었다. 그러나 '거대한 가속'의 시대에는 미래 변화를 예측할 수 없다. 즉, 우리가 처한 현실에서 미래를 투사하거나 해오던 방식대로 메꾸기만 한다면 지속할 수 있는 미래로 갈 수 없다.

찜통 지구

티핑포인트는 시스템이 일정 수준 이상으로 압박을 받으면 압박이 제거되어도 시스템이 원래의 상태로 돌아가지 않는 새로운 상태를 의미한다. 용수철이 늘어나는 정도는 무게에 비례한다. 무게가 제거되면 용수철은 즉시 원래 상태로 되돌아간다. 이때를 탄성력이 있다고 한다. 무게가 너무 무거우면 용수철의 탄성한계를 초과한다. 그렇게 되면 같은 무게에서도 용수철이 계속해서 늘어나게 된다. 무게가 제거되어도 용수철은 원래 상태로 돌아가지 못한다. 용수철 금속의 결정 조직이 바뀌었기 때문이다.

이처럼 지구온난화가 상당히 진행되었음에도 기존 시스템에 별다른 영향이 없는 것처럼 보이다가도 일정 수준을 넘어서면 지구 전체 시스템의 붕괴로 이어질 수도 있다. 즉, 온실가스를 지속하여 배출하면 지구는 한순간 '찜통 지구(Hothouse Earth)'에 진입하는 티핑포인트를 넘게 되는 것이다. 찜통 지구는 지구 스스로 온실가스를 배출해 기후변화를 증폭시켜 원래 기후로 되돌아갈 수 없는 상태다.

대기 중 이산화탄소 농도는 산업화 이후 약 40% 증가했다. 공기분자 100만 개 당 이산화탄소 120개가 늘어난 것이다. 이산화탄소는 대기오염처럼 흘러가 사라지는 게 아니라 차곡차곡 쌓인다. 온난화 '난로'를 계속 켜놓고 사는 셈인데, 기온을 10년마다 0.17℃씩 상승시킨다. 매년 공기분자 100만 개 당 이산화탄소 2개씩을 온난화 난로에 더 집어넣어 화력이 점차 더 강해지고 있다.

기온 상승이 지구에 미치는 영향은 당뇨병이 우리 몸에 미치는 영향과 비슷하다. 당뇨병으로 혈당을 조절할 수 없게 되면 심장질환, 뇌졸중, 신부전, 실명과 같은 수많은 합병증이 발생한다. 지구온난화로 지구 조절 시스템이 불안정해지면 기후가 변덕스럽고 가혹한 상태가 될 뿐 아니라 해수면 상승, 해양 산성화, 식량 생산 감소, 생물 다양성 파괴 등이 급격하게 일어난다. 특히, 배출된 온실가스는 수십 년에서 수천 년 동안 공기 중에 남아있어 온난화 효과가 누적되고 그 영향이 지구 전체로 퍼진다.

기온은 이산화탄소 축적량에 비례해 점진적으로 상승하지 않는다. 지구온난화를 일으키는 요인은 온실가스 배출만이 유일하지 않기 때문이다. 지구는 자동조절되는 복잡 시스템으로 그 안의 모든 것이 다른 모든 것과 서로 연결되어 되먹임(feedback) 작용을 한다. 음의 되먹임은 기온 상승을 둔화시키는 복원력으로 작용하는 반면, 양의 되먹임은 기온 상승을 증폭시킨다. 이처럼 지구는 충격이나 교란으로 인해 불안정한 상태를 회복시킬 수 있는 복원력(resilience)을 가지고 있다. 그러나 외부 충격이 감당할 수 없을 정도로 강하면 지구는 복원력을 상실한다.

지구는 끝없는 인내심과 수용력을 지닌 것처럼 보이므로 기후변화 충격에도 잘 굴러가는 것처럼 보일 수 있다. 그러나 열 받는 상황에서 누군가 한 두 마디로 더 약을 올리면 스스로 폭발하기 쉬운 것과 마찬가지로, 지구도 온실가스라는 외부 충격으로 열 받은 상태에서 한계를 넘어 온실가스가 더해지면 열을 자체적으로 증폭시킨다. 즉, 복원력을 상실하면 '음의 되먹임'이 '양의 되먹임'으로 방향을 틀 게 되는 티핑포인트가 일어난다. 지구시스템 내부에는 양의 되먹임으로 기후변화를 증폭시킬 수 있는 여러 가지 티핑 요소들(tipping elements)이 있다.

기후변화의 티핑포인트를 넘지 않기 위해 2015년 파리기후변화협약에서 산업혁명 이전보다 지구 평균기온 상승을 2℃ 아래로 유지하되 1.5℃를 넘지 않게 노력하기로 합의했다. 파리기후변화협약 수준의 기온 상승으로도 연속적으로 티핑 요소를 자극할 수 있다. 도미노처럼 한 번 넘어지면 중간에 정지하는 것은 불가능해진다. 우리가 이산화탄소 배출을 멈추더라도 숲, 바다와 영구동토층이 탄소 흡수원에서 배출원으로 바뀌는 찜통 지구가 되기 때문이다. 즉, 지구는 탄소를 저장하는 친구에서 탄소를 방출하는 적군으로 전환된다. 지금 온난화 수준은 우리가 대응할 수 있지만, 일단 찜통 지구가 되면 이산화탄소 배출량을 줄이려는 우리 노력은 쓸데없게 된다.

찜통 지구에서는 기후에 의존하는 하부 체계도 위험에 처하게 된다. 대표적인 예로 농업은 예측 가능한 기온과 강수량에 의존하기 때문에 기후변화에 취약하다. 현재 각 지역에서 산출되는 곡물량의 증가와 감소가 전 세계적으로 대략적인 균형을 이룬다. 그러나 찜통 지구에서는 농업 생산량이 전반적으로 감소하여 식량 위기가 올 수 있다. 이에 따른 빈곤으로 불안정한 사회가 되고 대량 이주에 따른 국가 간 갈등이 증가하게 된다.

전 세계 연안 지역, 특히 저지대 삼각주와 인접한 연안의 바다와 생태계는 인류의 삶에 매우 중요하다. 이 지역은 세계 인구의 대부분이 살고 대도시 대부분이 위치하여 국가 경제와 국제 무역에 필수적인 인프라의 상당 부분을 담당한다. 찜통 지구는 연안 저지대에 상시 홍수와 폭풍 해일로 인한 침수 위험을 증가시킨다.

이처럼 자연만을 통제할 수 없는 게 아니라 정치, 경제와 사회도 급속하고 심각한 변화와 불확실성으로 통제할 수 없게 된다. 즉, 우리 운명을 우리가 가지지 못하고 지구에 완전히 넘겨주게 된다. 지금까지의 기후와 지구환경에 적합하도록 만들어진 체계 대부분이 무의미해지기 때문이다. 현재 인류가 직면한 과제는 찜통 지구가 기다리고 있을 임곗값으로 향하는 현재 궤적에서 벗어나 지구시스템을 '안정한 지구' 경로로 안착시킬 방법을 찾는 것이다.

기후변화의 원인과 결과 사이의 인과관계가 단선적으로 비례하지 않으므로 찜통 지구에 도달했다는 것은 '일이 일어난 다음'에야 분명해진다. 이러니 우리는 경고 신호를 너무 늦게 알아차리기 십상이고, 그러는 만큼 적시에 대응하기가 쉽지 않다. 너무 늦을 때까지 완전히 이해하지 못할 수도 있는 복잡한 지구시스템에 우리는 보다 민감하고 능동적이어야 한다.

지구 위험한계

오늘날 인류는 탄탄대로가 아니라 가파른 절벽 가장자리에 위태롭게 놓인 도로를 달리고 있는 것과 같다. 절벽 테두리를 벗어나는 순간 낭떠러지다. 하지만, 인류가 유한한 지구에서 무한한 성장을 향해 달려가고 있어 이에 견딜 수 없는 지구는 홀로세에서 떠나려고 한다.

까딱하면 굴러떨어질 수 있는 낭떠러지 길이라 해도 보호 난간만 있다면 우리는 안전한 운행을 할 수 있다. 지구의 보호난간을 알기 위해서 문명 발전에 핵심적인 지구환경 위험을 가려낼 필요가 있다. 이들 위험에서 인류의 안정과 번영이 위태로워지는 한계를 정량화해야 한다. 스톡홀름 복원력 센터 요한 록스트롬 소장과 여러 연구기관 28명의 과학자는 2009년도 〈네이처〉 논문에 지구의 보호난간으로 9가지 요소의 '지구위험한계(Planetary Boundaries)'를 제시하였다. 이후 스웨덴·독일·덴마크 등 9개 나라 과학자 18명은 2015년 〈사이언스〉논문에서 지구위험한계를 개선하였다.

지구위험한계를 넘어서게 되면 처음엔 '불확실 영역'에 진입한다. 지구가 충격을 받아 불확실 영역에 들어서면, 원래 상태로 되돌아가려는 복원력이 작동한다. 이것은 권투선수가 펀치를 맞는 것에 비유된다. 처음 몇 라운드에서 권투선수가 펀치를 맞는다고 해도 회복력이 있어 버티는 게 가능하다. 회복력이 바닥나는 마지막 라운드쯤 되면 권투선수는 한 방만 더 맞아도 쓰러져 다시 못 일어날 수 있다. 이와 마찬가지로 불확실 영역을 넘어서면 '고위험 영역'으로 진입한다. 고위험 영역에서는 어느 순간 작은 충격으로도 전체 균형이 무너지고 복원력이 작동하지 않으므로 원상태로 회복될 수 없다.

지구위험한계는 그 영향력에 따라 세 범주로 나누어진다. 첫 번째 범주는 1) 기후변화 2) 성층권 오존층의 파괴 3) 해양 산성화이다. 이 요소들은 지구 전체에 직접 영향을 미친다. 두 번째 범주는 4) 토지 이용 변화(산림 파괴) 5) 민물 이용 6) 생물 다양성 감소 7) 질소와 인의 과잉 공급이다. 이들은 지역 규모로부터 작용하여 전 지구 규모로 영향을 미친다. 세 번째 범주는 8) 미세먼지 9) 화학 오염이다. 이는 구성성분, 지리적 위치와 기상조건에 따라 크게 달라지고 복잡하다. 미세먼지와 화학 오염의 위험 한계는 아직 충분히 이해되지 않아

수량화하지 못했다.

지구위험한계는 요소들을 단순히 겹쳐 쌓는 것만으로는 충분하지 않다. 우리가 과학을 하는 방법은 환원론적이지만, 지구는 전체가 하나로 반응한다. 그러므로 실제는 지각된 부분들의 합과 다르다. 더하기가 아니라 곱하기로 영향을 주는 것이다. 예를 들어, 기후변화가 위험 한계를 넘어서면 수온 상승과 해양 산성화로 산호초를 파괴하고 물고기에 영향을 미친다. 생물 다양성과 물의 이용은 결정적으로 기후변화에 달렸다. 그리고 기후계와 생물 다양성의 최종 상태는 민물의 양, 토지 이용, 질소와 인의 흐름이 작용한 결과가 곱해져 결정된다. 즉, 모두는 하나를 위한 것이고 하나는 모두를 위한 것이다. 그러므로 어느 하나의 지구위험한계에 치중하기보다 모든 한계가 안전한 운영 공간에 머무르도록 통째로 관리해야 한다.

지구위험한계를 관리하는 것은 우리가 아플 때 체온을 관리하는 것과 같다. 체온이 42℃이면 우리 몸은 고위험 상태에 도달한다. 그 경계를 넘어서면 생존자가 아니라 사망자로 바뀔 수 있다. 그러므로 산 상태와 죽은 상태 간의 한계인 42℃에 도달하기 전에 조치해야 한다. 우리는 체온이 38℃보다 높아 머리가 아프면 일하지 않고 쉬거나 약을 먹는 등 안전한 체온을 유지하려 한다. 지구위험한계도 고위험 영역에 진입하기 직전인 불확실 영역에서 사전 예방을 해야만 한다.

지구위험한계를 인식한다면 사람들은 창의적인 대안을 모색할 것이다. 도로를 달릴 때 위험을 직접 느끼지 않는다고 해도 보호난간은 위험을 미리 인지하고 안전 운전을 할 수 있게 한다. 보호 난간이 우리가 가는 길을 막기 위한 것이 아닌 것처럼 지구위험한계도 인간 활동을 제한하자는 게 아니다. 그것은 운동경기 규칙이 최고 기량의 선수를 더욱 빛나게 하는 것과 마찬가지 이치이다. 규칙 안에서만 선수는 창의성과 역량을 발휘할 수 있다.

성장 가치의 전환

경제 성장은 모든 나라가 떠받치는 절대 목표다. 성장이 없으면 소득이 증가할 수 없고, 소득이 늘지 않으면 소비도 늘지 않으며, 또 소비가 제자리걸음을 하면 생산과 고용이 정체되어 성장이 둔화하는 악순환이 일어나기 때문이다. 이런 악순환은 곧바로 사회와 정치 불안으로 이어진다. 따라서 각국 정부는 경제 성장에 모든 정치력을 집중한다. 하지만, 기후변화 대응을 제대로 하려면 성장이라는 장애물이 제거되어야 한다.

에너지 사용량을 줄이고 기후변화에 대응할 수 있는 체계를 만들어야 기후변화를 막을 수 있다. 이로 인한 비용으로 경제 성장이 둔화할 수 있다. 기후 문제를 해결하는 데 필요한 비용을 정량화한 것 중 2006년에 발표된 〈스턴 보고서〉의 추정이 가장 널리 인용된다. 보고서는 기후변화에 지금 대응하는 경우 그 비용이 세계 GDP의 1~2%이고 대응하지 않는 경우 2100년경에 비용이 GDP의 5~20%로 추정했다. 그렇다면 지금 기후변화 대응을 막는 진짜 장애물은 성장 자체가 아니라 성장에 집착하는 이념·정치·심리·문화적 족쇄 때문이다.

경제 성장은 국가 전체에 활력을 불어넣고 번영에 대해 꿈을 실현하며 자부심을 부여한다. 그러므로 사람 대부분은 성장 자체가 중요하다고 여긴다. 이것은 지배 이념의 산물이기도 하다. 인간은 자기 이익을 극대화하려는 존재라고, 자기만족을 추구하는 개인들일 뿐이라고, 이것이 경제 체계를 가장 효율적으로 운영할 수 있게 한다는 자본주의 지배 이념에 우리는 사로잡혀 있다.

이 지배 이념은 정작 삶이 풍요롭게 피어나는지를 무시한 채 성장을 향해 내달리게 한다. 소비사회에서 경제 성장은 사람들이 불만스러울 때만 지속할 수 있다. 성장이 더는 행복을 만들어내지 않고, 불행이 성장을 만들어낸다.

성장의 중심을 들여다보면 신성한 종교의 허울을 쓴 세속적 욕망이 자리하고 있다. 성장의 신성함에 도전한다면 분노를 일으킬 뿐이다. 우리는 기후변화의 결과보다 그 해결을 위한 성장의 포기를 더 두려워한다. 혼돈과 재앙을 몰고 오는 수준으로 기후가 변화하리라는 전망을 받아들이는 사람조차, 경제 성장을 통한 이윤 추구라는 자본주의의 이념이 달라져야 한다는 주장을 쉽게 받아들이지 못한다. 단지 인간이 살만한 기후를 유지하려 할 뿐인데도, 현대 소비사회에서는 기후변화 대응이 자아 정체성과의 전쟁이 되는 것이다.

1992년 세계은행은 〈세계개발보고서〉에서 '소득이 증가하면 환경의 질적 향상에 대한 요구가 증가하여 환경문제에 더 많은 자원을 투자할 것이다.'라고 썼다. '회의적 환경주의자'의 저자인 비외른 롬보르도 "우리는 충분히 부자가 되었을 때라야만 환경을 돌보는 것과 같은 상대적으로 사치스러운 일에 신경 쓸 여유가 생긴다."라고 주장했다.

이처럼 어떤 경제학자들은 성장 초기에는 환경이 악화하지만, 부유해질수록 환경이 개선된다는 '환경 쿠즈네츠 곡선(Environmental Kuznets Curve)'을 내세운다. 이러면 경제 성장은 환경을 악화시키는 원인이 아닌 환경문제의 해결책이 된다.

성장으로 기후와 환경이 파괴되고 있다면 이 또한 경제 성장으로 해결할 수 있다는 것이다. 환경 쿠즈네츠 곡선은 자연환경을 사치재로, 오로지 잘사는 이들만이 누릴 수 있다고 한다. 이처럼 우리는 성장이 마치 신과도 같이 모든 문제에 해답을 줄 것이라고 믿는다. 불평등이라는 문제가 있다고 해도 상승하는 파도가 모든 배를 밀어 올리듯 성장이 모두를 부자로 만들어줄 것이며, 모든 문제를 해결해줄 것이라고 여긴다.

이 가설이 맞는다면 정부가 기후변화 대응에 끼어들 이유는 없다. 시장이 스스로 문제를 해결할 것이기 때문이다. 하지만 기후변화와 같은 지구적인 문제에서는 이 가설이 옳지 않다. 기후변화 대응의 필요성을 인식하기 시작했던 1990년을 기준으로, 2017년에 세계 1인당 GNP가 3배 늘어났지만, 같은 기간 세계 이산화탄소 배출량은 63% 늘어났다. 소득이 늘어도 기후변화 대응을 하지 않았다. 화석연료를 전혀 줄이지 않았고 조만간 큰 변화도 일어나지 않아 보인다.

산업이 발전하고 경제가 성장하면 빈곤을 청산하고 풍요의 시대를 열 것이라 기대했지만, 그동안 엄청난 부가 성장하였음에도 이런 희망이 실현될 가능성은 요원해 보인다. 최근 수십 년간 경제 성장으로 인한 부는 부유한 국가와 부유한 사람들에게 대부분 돌아갔고, 국가 내, 그리고 국가 간의 빈부 격차는 더욱 크게 벌어졌다. 다 쓸 수도 없을 만큼 돈을 소유한 사람들조차도 더 많은 돈을 원한다. 소득이 증가하면 사치 상품은 더욱 늘어난다. 모든 사람이 스스로 부자가 되었다고 느껴서 온실가스 배출량을 자발적으로 줄 일 때까지 기다려야 한다면 이미 지구가 결딴난 이후일 것이다.

소비 욕구로 이루어지는 성장은 공짜로 이루어지는 게 아니다. 그 비용을 치러야 한다. 지구가 자원과 에너지를 감당해야 이루어질 수 있다. 그러나 지구는 인간의 이기적이고 파괴적인 수탈을 견딜 만큼 크지 않다. 지구의 삼림, 바다, 경작지, 담수, 자원과 에너지에는 모두 한계가 있다. 성장을 추구하는 체계는 엄청난 양의 자연 자원과 에너지를 빨아들이고, 엄청난 양의 온실가스, 오염 먼지와 폐기물을 쏟아내면서 무한 증식을 하려 한다. 그렇지만 이 체계는 시작부터 끝까지 자연에 의존하면서도 그 모태인 자연을 파괴하고 고갈시킨다. 결국, 끝없는 성장은 지구의 물리적 한계를 피할 수 없다. 유한한 지구에서 무한한 성장과 소비는 불가능하다.

2015년 세계 부의 상위 1%는 나머지 99%의 부를 모두 합친 것보다 더 많이 가졌다. 그런데 어떤 사람은 밥 한 그릇이나 물 한 잔이 없어서 고통받는 세상을 무슨 수로 정당화할 수 있는지 알 도리가 없다. 이 부조리는 '우리의 욕망'으로 은폐되고, '체제 바깥은 죽음뿐'이라는 대안 부재로 인해 '성스러운 성장'은 유일하고 영원한 것으로 추앙받는다. 이런 세상을 위해 지구를 파괴하며 더욱 성장해야 한다는 것은 미친 짓이다. 희망은 이 시스템을 긍정하지 않고, 부수고 나가는 데서 열린다. 그나마 가능성이 남아 있을 때 그렇게 해야 한다. 그러지 않으면 지구가 이런 세상을 끝장낼 것이다.

이제 미래는 성장으로 이루어지는 새로운 시간이 아니라 과거의 지속이어야 한다. 그것은 '지속 가능한 발전'으로 표현된다. 지속 가능한 발전은 지금까지 문명이 지속할 수 있지 않음을 고백한 자기반성이다. 이제 경제를 풍요롭게 하는 것이 아니라 삶과 지구를 풍요롭게 하는 데 목적을 두어야 한다. '만족함'이 '더 많이'를 대체해야 한다. '더 많은' 것이 반드시 '더 좋은' 것은 아니며 '더 적은' 것이라고 반드시 '더 나쁜' 것도 아니다.

전환적 변화

18~19세기 유럽 전쟁 장면을 보여주는 영화에서 군인들이 대열을 이뤄 포탄이 떨어지거나 총알 빗발치는 속에서도 흩트리지 않고 전진한다. 당시 잘 훈련된 군대의 병사들은 삶과 죽음이 오가는 순간에도 오로지 대열이 흐트러지는 것을 걱정했다고 한다. 오늘날 우리도 기후변화와 지구환경 위기의 폭탄이 사방에서 터지고 있지만, 경제 체계가 흐트러져 경기 침체가 되는 것을 더 우려한다.

경제 성장을 통해 우리는 빈곤을 줄이고 수명을 연장할 수 있었다. 우리 대부분은 생존하기 위해 지속해서 무한한 성장이 필요하다고 생각한다. 성장은 우리에게 쉬지 않고 생산하고 소비하기를 요구한다. 우리는 필요한 것 이상으로 사고, 쓰고, 버린다. 하지만 지속해서 성장해야만 하는 경제는 지속 팽창하는 풍선과 같은 행성이 필요하다. 그러나 그런 행성은 언젠가는 풍선처럼 터져 버릴 위험을 안고 있다.

인류가 지금까지 살아왔던 방식대로 계속 산다면 문명을 종식할 매우 큰 위험에 빠지게 된다. 그래도 우리는 어떻게든 생존할 수 있을 것이다. 그것은 인류가 구축해 온 거의 모든 문명이 파괴된 곳에서의 생존이다. 우리는 그 결과를 받아들여야 하거나 지금의 삶의 방식에서 벗어나야만 한다.

인간의 만족할 줄 모르는 갈망으로 변화되는 것은 환경뿐만이 아니라 현대 사회 자체다. 기후변화는 과학 문제이지만 사회경제 문제에서 출발했기에 기후변화의 해법은 사회경제적인 구조에서 찾아야 한다. 사회경제가 변하면서 기후가 변했고 그러한 기후변화가 이제 사회경제의 변화를 요구하고 있기 때문이다. 그러므로 기후변화는 사회와 자연이 분리되어 있고 서로 배제한다는 가정을 거부한다. 즉, '양자택일'의 문제가 아니라 '양자 모두'의 문제다.

이런 관점에서 2015년에 유엔 파리기후협약과 함께 '지속 가능한 개발목표(Sustainable Development Goals, SDGs)'를 채택하였다. 지구온난화를 2℃ 이내로 묶어두기 위한 파리기후협약과 SDGs는 인류 복지를 증진하면서 동시에 지구시스템에 미치는 인간의 영향을 줄이려는 국제적인 노력의 일환이다.

SDGs는 '사회', '경제', '환경'의 세 가지 축을 기반으로 17개 목표로 이루어졌다. 사회 목표는 빈곤퇴치, 기아 종식, 건강과 복지, 양질 교육, 성 평등, 깨끗한 에너지, 지속 가능한 도시와 공동체로 구성된다. 경제 목표는 양질의 일자리와 경제 성장, 산업과 혁신과 기반시설, 지속 가능한 도시와 공동체, 지속 가능한 생산과 소비로 이루어진다. 환경 목표는 기후변화 대응, 해양 생태계 보전, 육상 생태계 보호, 깨끗한 물과 위생이다. 이 15가지가 지속 가능한 발전을 위해 달성해야 하는 목표라면 나머지 2가지는 SDGs를 달성하기 위한 조건과 방법을 담았다. '정의롭고 평화로우며 효과적인 제도'를 구축해야 하고 '국제적인 협력'이 필요하다. 이전에는 이와 같은 인간과 지구를 함께 고려한 개발 계획이 없었다.

2018년 인천에서 열린 IPCC 총회에서는 기후변화 대응이 SDGs와 밀접한

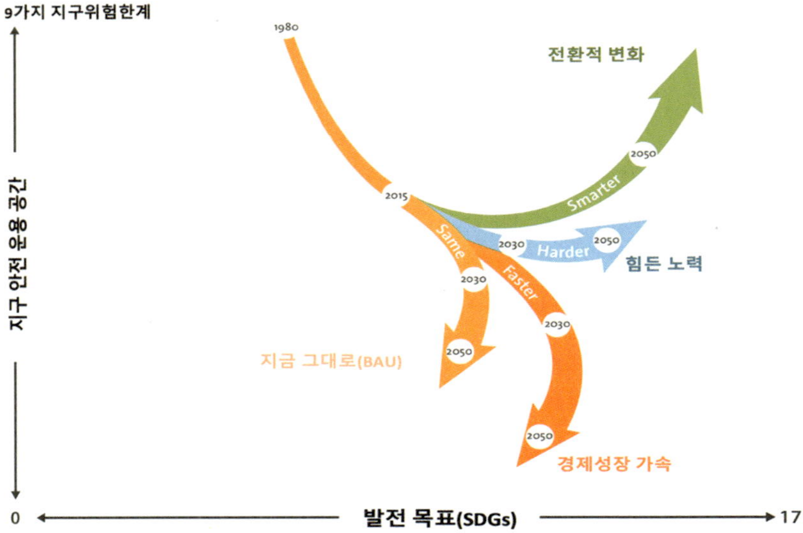

그림 1 Earth-3 모델로 산출한 지구위험한계 안에서의 SDGs 달성. 세로축은 지구위험한계 안에 머물 수 있는 능력을 나타낸다. 높을수록 지구가 안전하다. 가로축은 SDGs이다. 오른쪽으로 갈수록 SDGs에 달성을 의미한다.

연관성을 가지고 상호의존하면서 동시에 진행해야 함을 강조하였다. 기후변화 영향을 줄이는 것이 빈곤퇴치와 함께 지속 가능한 발전에 필수적이기 때문이다. 식량과 물의 안전한 확보, 자연재난 위험 감소, 보건 환경 개선, 생태계 서비스 유지, 빈곤과 불평등 감소를 통해 자연계와 인간계의 취약성을 줄인다면 지속 가능한 발전과 함께 기후변화 대응에 상승효과를 일으킨다. 이 보고서에서는 SDGs 17개 목표 각각에 대해 온실가스 배출량 감소 정도를 제시하였다.

50년 전, 로마 클럽의 보고서 〈성장의 한계〉에서 환경에 상관없이 경제 성장이 계속된다면 세계는 21세기에 생태적, 경제적 붕괴에 직면할 수 있다고 이미 경고했었다. 2018년에 로마 클럽 46번째 보고서인 〈지구위험한계 안에서 SDGs 달성〉이 발간되었다. 기후, 생물권과 사회경제를 결합한 Earth-3 모델 결과로 2050까지 지구위험한계 안에서 SDGs 달성 가능성을 전망하였다.

이 보고서는 2050년까지 일어날 수 있는 4가지 시나리오를 다루었다. 모든 시나리오는 과거에 일어났던 자연, 사회, 경제의 변화를 기반으로 하지만 향후 10년 이내에 서로 다른 정책과 투자방식에 따라 미래가 달라짐을 보여준다.

첫 번째 시나리오는 지금처럼 지속하는 경우(Business As Usual, BAU)이다. 국가 대부분은 경제 성장에 초점을 맞춘 기존 정책을 유지한다. 불평등이 증가하여 사회 불안과 정치적 위기가 일어나 2050년까지 SDGs를 달성하지 못한다. 그리고 자원 사용과 폐기물의 증가로 지구의 안전한 운영 공간을 약화한다. 20세기 정책을 21세기에 지속하지 못하는 것이다.

두 번째 시나리오는 지금보다 더 빠른 경제 성장을 하는 경우이다. 경제 성장은 SDGs를 향상시킬 수 있지만, 조금만 나아질 것으로 전망한다. 부유한 사람이 많아지지만, 불평등이 사회를 더욱더 불안정하게 만든다. 지구환경을 과도하게 개발함으로써 지구위험한계를 벗어나 심각한 위험에 빠질 수 있다. 이 시나리오에서는 지구위험한계와 SDGs간에 큰 충돌이 일어난다.

세 번째 시나리오는 SDGs를 위해 힘들게 노력하는 경우이다. 더 좋은 교육, 깨끗한 물, 적당한 음식, 더 많은 직업 등을 위하여 SDGs에 더 많은 투자를 한다. 이 방식으로 1990~2015년에 비해 2050년에 평균 30% 더 좋은 SDGs에 달성한다. 특히, 2030년까지 가난한 지역에서 더 많은 SDGs가 달성되며 천연자원 관리가 잘되고 기후변화 대응이 진전된다. 그러나 SDGs를 개별적인 방식으로 다루어 대부분 경우 하나의 SDG 달성이 다른 SDG 달성을 상쇄시키는 경우가 발생한다. 그러므로 2050년에 SDGs는 최종 목표에 도달하지 못하고 지구위험한계는 여전히 압박을 받는다.

마지막은 전환적 변화 시나리오이다. 지구위험한계 내에서 SDGs에 도달할 수 있는 유일한 방법이다. 위험 사회에 도달하기 전에 지금까지 살아왔던 우리의 사고를 뒤집어야 하는 '전환적 변화'를 해야 한다. 2020년부터 전 세계 모든 국가가 절대 '말'만 하는 게 아니라 바로 '행동'을 취하는 것이다. 이 시나리오는 다음 5가지 전략을 통해 달성할 수 있다.

1. 2018년 〈IPCC 보고서〉에 따라 2020년부터 10년마다 세계 총 탄소 배출량을 절반으로 줄이기 위해서는 신재생에너지의 기하급수적인 증가가 필요하다. 즉, 전 세계적인 에너지 민주주의를 통해 SDGs를 달성하는 것이다.
2. 지속 가능한 식량 생산이 실질적으로 향상되어야 한다. 2050년까지 약 100억 인구에 식량을 공급하려면 기존 식량 생산 시스템을 근본적으로 개선해야 하며 식량 생산성을 지속 가능한 방식으로 매년 1%씩 높여야 한다.
3. 가난한 나라는 매우 빠르게 발전한 개발도상국으로부터 배워야 한다. 한국과 중국과 같은 경제 성장 모델을 따라야 한다.
4. 세계는 가장 부유한 10%의 사람들이 전체 소득의 40%를 넘지 않도록 해 불평등을 획기적으로 줄여야 한다. 과도한 부의 재분배와 지역적인 형평성(equity)을 개혁해야 한다.
5. 교육, 양성평등, 의료와 가족 계획을 통해 세계 인구를 안정시켜야 한다.

너무 급진적이라는 비판에도 이러한 5가지 혁신적인 노력이 향후 10년 동안 채택되고 가속화되고 확장되어야 한다. 전환적 시나리오에서만 지구위험한계 내에 머물면서 SDGs를 달성할 수 있는 상승효과를 이루어 낼 수 있기 때문이다. 지구시스템은 아직 탄력적이다. 지구가 위험하기는 하지만 안전한 위치로 되돌아갈 수 있다. 안정된 행성은 지구상에서 인류가 행복을 누리는 선결 조건이다.

우리는 지구가 인간에게 한량없이 베풀어 주는 역량을 지녔다고 생각해 왔다. 그러나 지구환경은 경제 성장과 함께 성장할 수 없다. 지구환경은 유한하기 때문이다. 지금까지 경제 성장은 사회기반과 지구환경을 희생하여 이루어져

왔다. 이제 역으로 경제가 우리의 욕망을 충족시키는 것이 아니라 함께 사는 사회기반에 이바지해야 한다. 사회기반은 안정적인 생태계와 기후에서 살 수 있는 인류 보편의 권리, 그리고 좋은 삶을 보장해주는 공정성, 가치, 복원력, 교육 등의 수준으로 구성된다. 이 사회기반은 지구위험한계의 안전한 영역에서만 지속해야 한다. 다시 말해 지구환경은 '부차적인' 위치가 아니라 '최우선적인' 위치로 높아져야 한다. 지구환경의 복원력 없이는 경제와 사회도 지속 가능하지 않기 때문이다.

맺는말

지구시스템을 위기로 몰아넣는 물질적 풍요를 포기하기에는 기후 위기가 아직도 멀기만 한가 보다. 물론 언젠가 변화할 것이다. 기후변화가 위험수위를 넘을 테니까 말이다. 우리는 이런 최악의 상황에서 강제와 압력으로 너무나 늦게 변화할 수밖에 없게 된다. 성장이 빠를수록 한계에 부딪히는 시간도 그만큼 빠르고 그에 따른 반작용도 그만큼 강하고 위험할 것이다. 이처럼 성장 그 자체가 성장을 종식하게 된다. 독일 사회학자 울리히 벡이 저서 『위험 사회』에서 말한, 심각한 재난과 같은 파국 상황에서 도리어 길을 찾는다는 뜻의 '해방적 파국'이 일어날 여건이 마련된다.

지구 자체는 물론 성장에 중독된 경제와 짓밟힌 공동체를 치유할 수 있는 계기가 있다면 그것은 기후변화다. 기후변화는 모든 것을 바꾸어 놓을 것이다. 그것 말고는 그 어떤 것도 필연이 아니다. 결국 '유일한' 선택은 언제, 어떻게 변화를 모색할 것이냐 하는 문제이지, 변화를 모색할 것이냐 말 것이냐 하는 문제가 아니다. 지구의 유한성이라는 움직일 수 없는 물리적 현실에 적응하기 위해 새로운 설계가 필요하다.

인간이 일으킨 기후변화로 영향을 받는 것은 궁극적으로 인간이고, 인간으로 이루어진 사회이다. 인류가 어떤 기상 이변에 노출될지, 수자원에 계속 접근할 수 있을지, 식량을 어떻게 확보해야 할지, 그리고 이러한 변화에 대해 앞으로의 세상이 과거보다 더 정의롭지 못할 때 어떤 종류의 폭력이 인류에게 닥칠지 등등 기후변화로 인한 사회정치적 변화들은 헤아릴 수 없을 정도로 많다. 그리고 기후변화의 원인인 화석연료는 현 문명을 지탱하는 가장 중요한 기반이므로 기후변화에 대응한다는 의미는 현 문명의 전환을 뜻하는 것이나 다름없다. 다시 말해 현재 문명의 경로를 바꾸어야 지구시스템을 안정한 경로에서 지켜낼 수 있다.

위기는 우리를 시험한다. 위기에서 우리는 무너지거나 더욱 성장할 것이다. 우리에게 두려움으로 다가오는 기후변화와 지구환경의 위기가 우리를 변화시킬 수 있으며 더 나은 세상으로 나아가게 할 수 있다. 현재 삶의 방식이 아무런 문제가 없다면 우리는 변화할 필요가 없지만, 지금 위기는 바로 지금 삶의 방식에 문제가 있음을 드러내는 징표이다. 이 위기는 물질 지향적인 가치와 인식의 생태적 전환을 촉구하는 자연의 메시지다. 이제 우리가 이 신호에 답해야 한다. 지금 모든 경보가 동시에 울리고 있다. 주의 깊게 들어야 할 시간이다. 그리고 깨닫고 도약할 시간이다.

참고문헌

조천호, 2019, 『파란하늘 빨간지구 - 기후변화와 인류세, 지구시스템에 관한 통합적 논의』, 동아시아

Jorgen Randers, Johan Rockström, Per Espen Stoknes, Ulrich Golüke, David Collste and Sarah Cornell, 2018. "Transformation is feasible – How to achieve the Sustainable Development Goals within Planetary Boundaries" A report to the Club of Rome, for its 50 years anniversary

Rockström J. et al., 2009. "A Safe Operating Space for Humanity," *Nature*, 461: 472–475. doi:10.1038/461472a*

Steffen W. et al., 2018. "Trajectories of the Earth System in the Anthropocene," PNAS, 115(33), 8,252~8,259, https://doi.org/10.1073/pnas.1810141115.

Steffen W et al., 2015. "Planetary Boundaries: Guiding Human Development on a Changing Planet," *Science*, 349, No. 6254, pp 1,286~1,287. doi:10.1126/science.1259855.

제3장

IPCC와 기후변화의 과학적 근거

권원태 APEC 기후센터 원장

UNFCCC[1] 관련 국제협상에서 가장 신뢰받는 객관적 자료는 IPCC[2]에서 발간한 보고서라고 할 수 있다. IPCC는 유엔산하 국제기구로 기후변화에 관한 과학, 기술, 사회경제 전반에 걸친 기후변화의 영향, 정책에 대한 객관적인 보고서 작성을 목적으로 1988년 설립되어, 지금까지 30년 동안 5번의 기후변화 평가보고서와 다양한 주제에 대한 특별보고서, 온실가스에 관한 인벤토리 방법론 보고서 등을 작성하여 국제사회에 보고하고 있다. 〈IPCC 보고서〉가 기후변화 관련 국제협상 테이블에서 신뢰받는 이유는 보고서 작성과 승인 과정을 보면 알 수 있다. 이 글을 통해서 〈IPCC 보고서〉의 작성과정과 의미를 돌아보고, 2013~2014년에 걸쳐 발간된 5차 평가보고서의 주요 결과를 소개하여 기후변화의 과학적 현황과 미래 전망에 관한 이해를 돕는 것을 목적으로 한다.

IPCC

IPCC는 세계기상기구(WMO[3])와 유엔 환경프로그램(UNEP[4])의 후원으로 설립·운영되며, 현재는 제6대 의장으로 이회성 박사가 활동 중이다. 이사회는 각국 정부에서 추천하고 총회에서 선출된 34명으로 구성되어 있다[그림 1]. 이사회 아래에는 실무그룹(WG[5]) Ⅰ, Ⅱ, Ⅲ과 국가온실가스인벤토리 태스크포스 등 4개의 그룹이 있고, 각 그룹에는 저자, 기여 저자, 검토자 등 전문가들과 전문가들의 활동을 지원하는 각 실무그룹의 사무국이라고 할 수 있는 기술지원팀(TSU[6])이 구성돼 있다.

실무그룹의 역할은 WGI은 과학적 근거, WGII는 영향, 적응, 취약성, WGIII은 완화(감축)로 구분되어 기후변화에 관한 과학기술 및 사회경제 전반을 다룬다. IPCC 조직의 특이점 중 하나는 사무국과 실무그룹의 TSU 직원을 제외하고 의장을 비롯한 모든 전문가가 자발적으로 참여하는 무급의 비상임직이라는 사실이다. IPCC 활동에 참여하는 전문가들은 기후변화에 관한 인류의 지식을 집대성하고 이를 평가함으로써 미래에 발생할 수 있는 기후변화의 위험을 알리고 이에 대해 대응하여야 한다는 책임감과 사명감을 가지고 참여하고 있다.

IPCC의 〈1차 평가보고서〉는 1990년 발간되어, 1992년 리우환경회의에서 UNFCCC이 체결되는데 이바지했으며, 1995년 발간된 〈2차 평가보고서〉는 1997년 교토의정서가 체결되는 데 역할을 하였다. 2013~2014년 발간된 〈5차 평가보고서〉는 2015년 파리협정이 체결되는데 이바지했다. 이처럼 기후변화협약 관련 국제협상에서 〈IPCC 보고서〉는 국제적인 공감대를 형성하여 협상이 추진되는데 가장 객관적이고 기본적인 자료로 결정적인 역할을 담당하고 있다.

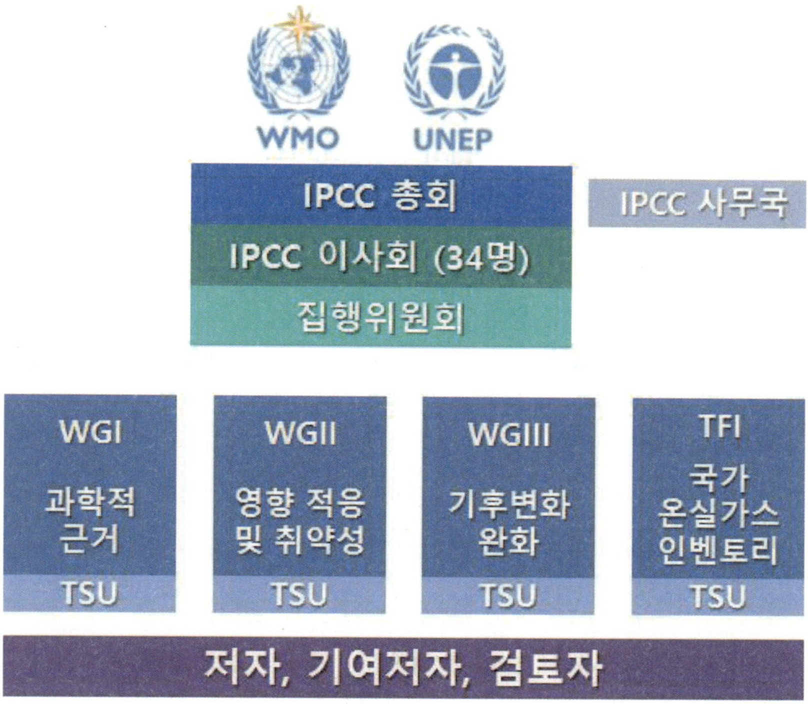

그림 1 IPCC의 조직(www.ipcc.ch 참조)

〈6차 평가보고서〉 주기에는 2016년 내용과 범위에 관한 논의를 시작하여 2021~2022년에 〈WGI, WGII, WGIII 보고서〉와 〈종합보고서(SyR[7])〉를 차례로 발간할 예정이며, 2018년 발간된 〈지구온난화 1.5℃ 특별보고서(Global Warming of 1.5℃)〉와 2019년에는 〈해양과 빙권 특별보고서(The Ocean and Cryosphere in a Changing Climate)〉, 〈토지 특별보고서(Climate Change and Land)〉, 〈온실가스 인벤토리 가이드라인 2019 보정판(2019 Refinement to the 2006 IPCC Guidelines for National Greenhouse Gas Inventories)〉 등이 발간될 예정이다.

〈IPCC 보고서〉 작성과정의 중요성

〈IPCC 평가보고서〉 작성과정을 보면 왜 신뢰받는지에 대한 이유를 알 수 있다. 여기서는 《6차 평가보고서(AR6[8])》 중 WGI 사례를 통해 작성과정을 소개하고자 한다. [그림 2]에서 글상자는 역할 주체에 따라 색을 구분하였는데, 파란색은 총회, 노란색은 회원국 정부, 보라색은 전문가, 하늘색은 이사회를 의미하며, 단계별로 일정을 그림 위에 표시하였다. 보고서 작성의 첫 번째는 스코핑(scoping) 단계로 전문가들이 참여하여 보고서의 내용을 논의하여 그 결과는 정부 대표들이 참여하는 총회에서 결정한다. 보고서의 내용에 따라 회원국 정부는 전문가를 저자로 추천하고, 이사회(IPCC Bureau)에서 저자를 결정하여 보고서 작성을 시작하게 된다. 작성을 마친 1차와 2차 원고는 각국 정부와 전문

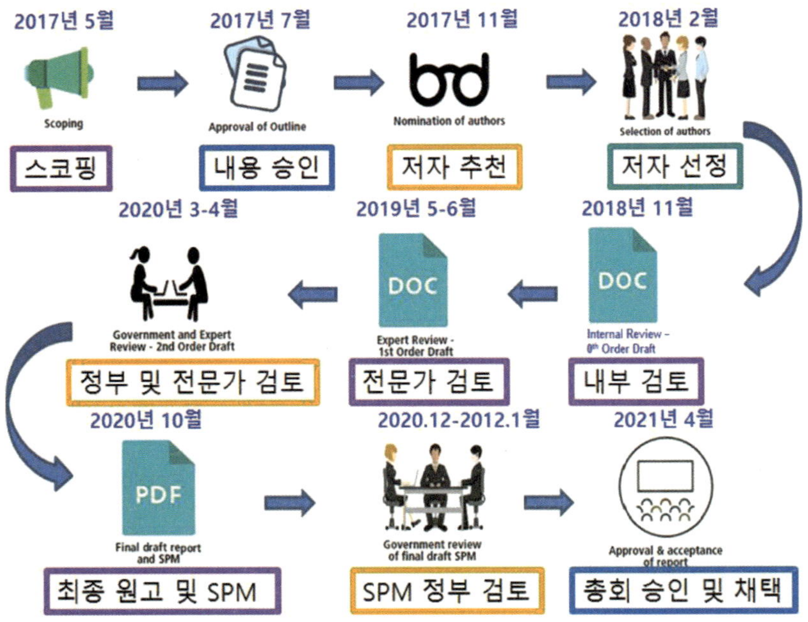

그림 2 〈IPCC 보고서〉 작성과정(《WGI 6차 평가보고서》 사례)

가들의 검토과정을 통해 최종원고로 수정·보완되고, 맨 마지막에 총회에서 정책결정자를 위한 요약문(SPM[9])을 문장별로 승인하는데, 이 과정에서는 모든 회원국이 찬성하여야만 승인되며, 이를 보고서로 채택한다.

보고서 작성은 스코핑에서 승인까지 4년에 걸쳐 진행된다. [그림 2]에서 보면 〈6차 평가보고서〉 작성을 위해 2017년 5월에 스코핑 회의가 진행되었고, 마지막 승인·채택은 2021년 4월에 예정되어 있다. 보고서 작성과정에서 검토는 8주에 걸쳐 진행되는데 이는 전문가 그룹과 회원국 정부가 충분한 시간을 가지고 검토할 수 있게 한다. 이처럼 〈IPCC 보고서〉는 매우 엄격한 과정을 거쳐 발간되기 때문에, 시간이 오래 걸린다.

〈IPCC 보고서〉는 연구보고서가 아니라 평가보고서라는 것이 큰 특징이다. 기존에 나와 있는 문헌들을 대상으로, 과학적 또는 객관적 지식의 신뢰도와 전문가들의 합의도(agreement)를 평가한다. 사용하는 참고 문헌은 학술지에 발표된 논문들을 중심으로 공신력 있는 기관에서 나오는 보고서, 학술회의 프로시딩(Proceedings) 등이 포함된다. 모든 참고 문헌은 데이터베이스화가 되어 자료를 원하는 사람들이 언제든지 내용을 알 수 있게 제공하고 있으며, 참고 문헌은 〈AR6〉의 경우 2020년 9월 말까지 채택된 논문만이 보고서에 반영될 수 있다.

보고서 집필진은 총괄 저자(CLA[10]), 주저자(LA[11]), 검토편집자(RE[12]), 기여 저자(CA[13])로 구성되어 총 4회의 주저자 회의와 3회의 검토과정을 통해 보고서를 작성한다. 검토를 원하는 전문가는 IPCC 홈페이지에 등록 후 검토자로 활동 가능하며, 검토자가 검토의견을 작성하여 제출한다. 집필진은 모든 검토의견에 대해 답변을 달아야만 하며 검토의견과 답변은 데이터베이스화되어, 공개하는 것을 원칙으로 한다. IPCC는 2007년 〈4차 평가보고서〉 발간 후 '기후 게이트' 파문으로 논란이 있었던 이후에, 자료 사용 과정을 크게 보강한 바 있다. 원칙적으로 모든 자료는 데이터베이스화하고, 검토의견도 공개하여 책임감 있게 작성할 수 있도록 노력하고 있다.

보고서 승인은 정책결정자를 위한 요약문(SPM)에 대해서는 문장별(line-by-line) 승인방식을 채택하고 있다. SPM의 각 문장에 대해서 회원국들은 반대 의견을 제시할 수 있는데, 이 경우 분명한 학술적 근거를 제시하여야 한다. 그리고 또 하나는 컨센서스(consensus)에 의해 승인한다는 점이 매우 중요하다. 한 국가가 특정 내용에 대해 반대하면 문장을 수정하여 합의될 때까지, 혹은 반대를 철회할 때까지 통과되지 않는다. 이견이 좁히지 못하면, 해당 문장에 대해 반대한 국가를 주석으로 명시하고 통과시키는 때도 있다. 195개 거의 모든 회원국이 총회에 참가하여 채택된 보고서이기 때문에, 국제협상에서 〈IPCC 보고서〉를 근거로 삼는다. 그만큼 투명하고 공개적인 승인 과정을 거치고 컨센서스에 의해 채택된다는 것이 가장 큰 장점이다. 그러나 컨센서스 승인 과정이 때로는 단점이 되기도 한다. 과학적인 확신과 신념을 가진 전문가 그룹과 국제정치의 주체자인 회원국 정부 간 표현방식에 대한 이견이 발생하는 경우, 대표단의 컨센서스에 따라 결정되기 때문에 정치적인 표현이 보수적으로 수정되는 경우도 있다. 이러한 과정을 거쳐 채택된 〈IPCC 평가보고서〉는 전 세계에서 객관성과 신뢰성을 인정받고 있다.

〈WGI 5차 평가보고서(AR5)〉 작성에 참여했던 집필진을 보면, 저자가 259명, 기여 저자가 600명으로 800명 이상이 참여했다. 검토의견만 총 14개 장에서 5만 5,000건 가량으로 이는 한 장당 약 4,000번 정도의 격돌이 있었다고 볼 수 있다. 보고서의 총량을 보면 SPM이 27쪽, 기술요약서(TS, Technical Summary)가 115쪽, 본 보고서가 1,522쪽으로 전체분량이 1,600쪽이 넘는 대단히 많은 양의 보고서가 작성되었다.

기후변화의 과학적 이해

여기서는 IPCC의 최근 평가보고서인 〈AR5〉 결과를 중심으로 기후변화의 과학적 근거를 소개하고자 한다. [그림 3]은 기후변화의 과학적 연구체계를 간단하게 모식화한 것이다. 모든 과학의 출발점은 관찰이라고 할 수 있으며, 기후변화 과학도 관측과 감시로부터 시작된다. 기후변화의 과학적 연구 대상은 지구의 거의 모든 부분을 포함하는 기후시스템이다. [그림 4] 기후시스템은 대기권, 수권, 빙권, 지권과 생물권으로 구분되는데 최근에는 인간 사회를 포함하기도 한다. 그러나 기후변화를 과학적으로 연구하기 위해서 지구를 대상으로 직접 실험을 할 수 없기에 기후모델(Climate Model)을 사용하여 실험한다.

기후모델은 기후시스템 내에서 발생하는 대기와 해양의 운동 및 에너지와 물질의 교환을 포함하는 매우 정교하고 복잡한 수식을 포함하는 컴퓨터 프로그램으로 변환하여 시뮬레이션할 수 있도록 하는 강력한 도구라고 할 수 있다.

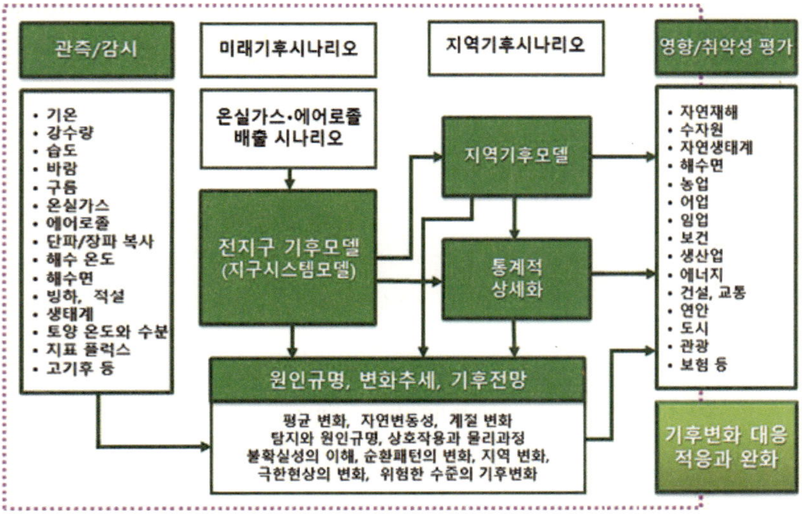

그림 3 기후변화 과학 연구체계

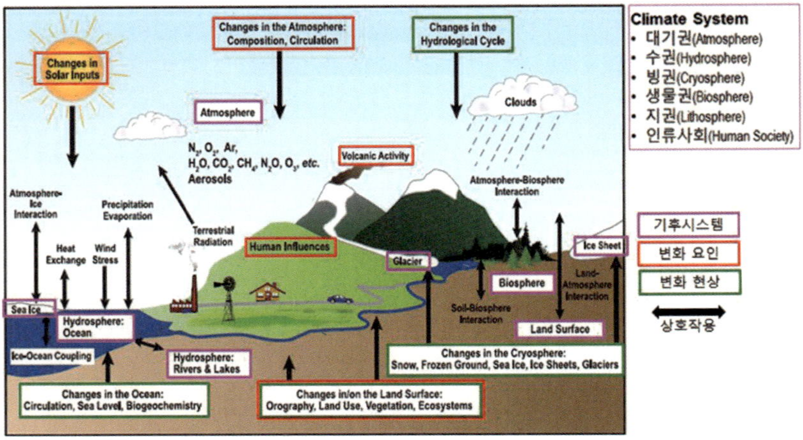

그림 4 지구의 기후시스템(IPCC, 2013)

기후모델은 1970년대에 개발되기 시작하여 현재에는 대부분의 기후시스템 요소와 다양한 물리 화학적 과정을 포함하는 단계로 발전되었으며, 슈퍼컴퓨터를 이용하여 수백 년 이상의 기후를 시뮬레이션하는 것이 가능해졌다.

확보한 관측 자료와 모델을 이용한 자료들은 기후변화를 탐지하고 원인을 규명하고 기후변화의 메커니즘을 분석하는 이론적 연구에 사용되며, 전 지구와 지역의 미래 기후를 전망하여 기후변화로 인한 영향을 연구·분석하여 기후변화에 대응하는 데 기본자료로 사용된다.

〈AR5〉의 핵심결과를 간단하게 정리하면, WGI에서는 '기후시스템에서 인위적인 영향은 확실'하며, WGII에서는 '인간이 기후를 더 많이 교란할수록 불가역적인 영향의 위협에 직면'하게 될 것이며, WGIII에서는 '지속 가능한 미래를 위한 방안이 있다'라고 평가하였다. IPCC는 직접 정책적 대안을 제시하지 않는 것을 원칙으로 보고서를 작성한다. 그러므로 IPCC에서 제시한 방안 중에서 각 회원국의 정치·사회·경제적 상황에 따라 실행할 방안을 '선택'하는 것은 회원국의 몫이라고 할 수 있다.

가장 기본적인 과학적 증거는 기후가 변하고 있다는 것을 보여주는 지표들이다. [그림 5]는 관측으로 측정된 자료를 기반으로 분석한 것이다. 〈AR5〉에서는 지구 평균기온은 133년간(1880~2012년) 0.85℃가 상승하고, 해수면은 1900년 이후 19cm가 상승했으며, 대기 중 온실가스(이산화탄소, 메탄, 아산화질소) 농도가 증가하고 있다는 것을 보여준다. 또한, 산업혁명 이후 이산화탄소 배출량 증가 추세를 같은 그림에서 제시하여 이산화탄소 배출 증가가 온난화에 영향을 미쳤다는 것을 보여주고 있다. 산업혁명(1750년경)부터 2011년까지 이산화탄소의 농도는 278ppm[14]에서 390ppm[15]으로 40% 증가, 메탄은 772ppb에서 1,803ppb로 150% 증가, 아산화질소는 274ppb에서 324.2 ppb로 20%가 증가한 것으로 분석되었다. 이러한 증가 추세는 계속되고 있는데 세계기상기구에서 발표한 2017년도 주요 온실가스 농도는 2011년부터 불과 6년 만에 각각 405.5ppm, 1,859ppb, 329.2ppb로 계속 증가하는 것을 알 수 있다. 이러한 증거들은 전 세계적인 관측데이터를 가지고 내린 결론이며, 어느 정도 오차범위가 있기는 하지만, 과학자들에 의해 기후변화의 증거로 인정받았다고 할 수 있다.

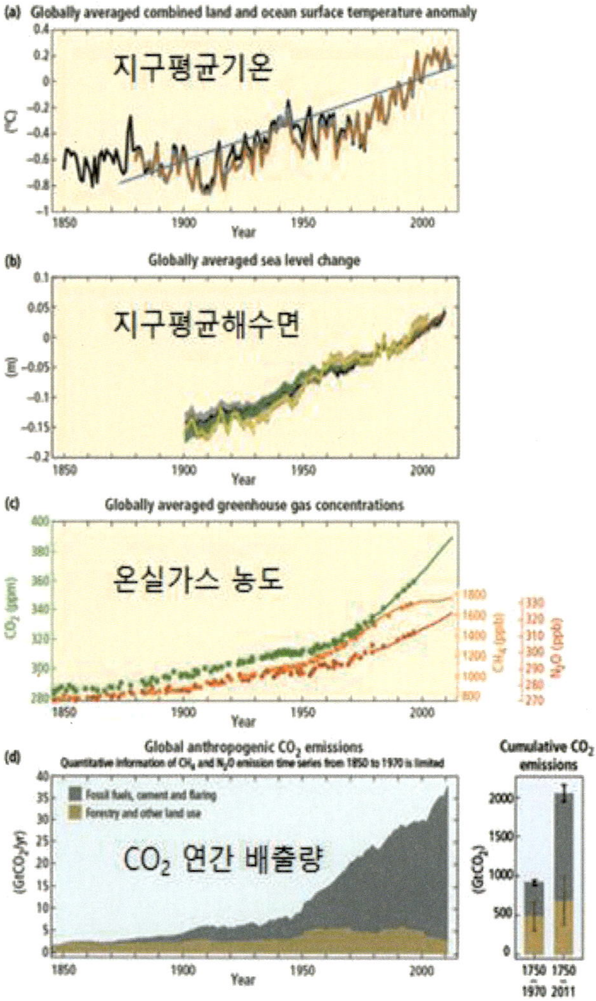

그림 5 관측에 의한 지구 기후시스템의 변화(IPCC, 2014)

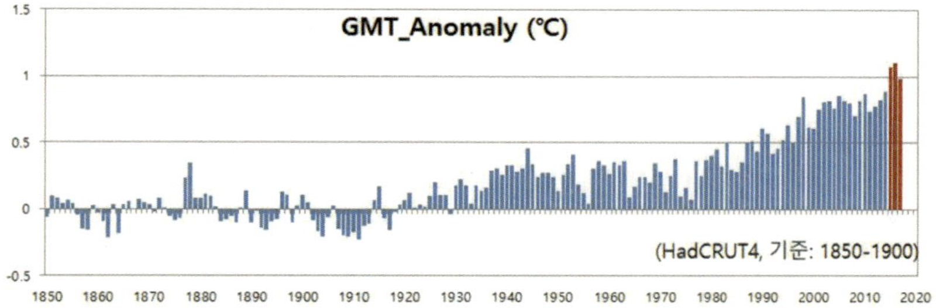

그림 6　1850~2017년 지구 평균기온 편차. 편차의 기준은 1850~1900년 평균임(자료: HadCRU4).

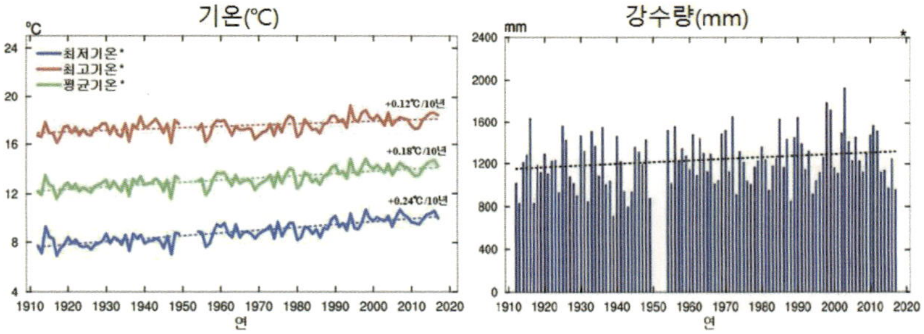

그림 7　1912년 이후 우리나라 평균기온과 강수량 변화(국립기상과학원, 2018).

[그림 6]은 2015년부터 2017년까지의 지구 평균기온이, 1850년부터 1900년 평균보다 약 1℃ 정도 상승했다는 것을 보여준다. [그림 7]은 우리나라의 변화를 보여주는 것으로(김진욱 등, 2018), 6개 지점(강릉, 서울, 인천, 대구, 부산, 목포)의 평균을 봤을 때, 연평균 기온이 10년마다 0.18℃, 즉 100년간 1.8℃ 정도 상승했다는 것을 알 수 있다. 강수량은 증가하기는 하나 증가율이 기온에 비교해 뚜렷하지 않은 특징을 보인다. 우리나라 기후변화를 요약해보면, 20세기 전반과 비교하면 최근 20년 동안은 온난하고 비가 많은 기후로 변화하고 있다고 할 수 있다. 강수량은 특히 여름철에 증가하였는데 이는 주로 집중호우 발생이 증가한 것이 원인이라고 분석되었다.

인간 활동으로 인해 배출된 온실가스 중 가장 중요한 이산화탄소는 공기 중에 배출되면 일부분만 남아서 공기 중 농도가 증가하게 된다. [그림 8]은 국립기상과학원의 연구 결과로 탄소추적시스템을 이용하여 2009년 이산화탄소의 농도 변화를 모의한 자료 중 봄철(4월 26일)과 여름철(7월 18일)의 농도를 비교한 것이다. 이산화탄소 농도는 봄철에는 북반구 고위도에서 높은 특징을 보이나, 여름철에는 시베리아나 캐나다 지역의 나무들이 광합성을 시작하게 되면 이산화탄소 농도가 크게 줄어드는 것을 볼 수 있다. 인류가 배출한 이산화탄소는 30% 정도는 해양에서 흡수되고, 30% 정도는 식물이 광합성을 통해 흡수하고 나머지 40%가 대기 중 농도를 증가시키는 역할을 한다. 이산화탄소는 주로 화석연료를 연소하거나 시멘트 생산 등으로 배출된다. 예를 들어 자동차가 휘발유 1L를 사용하면, 이산화탄소가 2.3kg이 배출되는데, 연비가 10km/L라고 하면 1만km를 주행하게 되면 2.3t이 배출된다. 만약 주행거리를 5,000km를 줄이면 1인당 1t 배출량 감소에 동참할 수 있다.

산업혁명 이후 복사강제력은 점차 증가하고 있다. 복사강제력은 태양과 지구의 복사에너지에 영향을 미치는 힘의 크기를 의미하는데, 온실가스는 온난화시키는 역할을 하며, 미세먼지를 포함하는 에어로졸은 냉각화하는 역할을 한다. 산업혁명 이후 온실효과와 냉각 효과를 합하면 복사강제력의 크기는 약 2.3W/m^{2}가 된다. 이 크기는 태양 에너지의 변화가 산업혁명 이후 0.05W/m^{2}가 변한 것과 비교하면 매우 크다는 것을 알 수 있다. 만약에 복사강제력의 변화가 전부 이산화탄소에 의한 것이라고 가정해서 이산화탄소 상당 농도를 구하면 〈AR5〉에서는 2011년 기준으로 약 430ppm이 된다고 산정하였다. 2017년 이산화탄소 농도는 2011년에 비하여 15ppm이 증가하였는데 이를 단순히 더해본다면 적어도 2017년 현재 복사강제력의 크기는 이미 이산화탄소 445ppm에 상당하다는 것을 알 수 있다.

기후변화 문제에서 중요한 이슈 중의 하나는 기후변화가 인간 활동에 의한 것인지를 규명하는 데 있다. 1990년 〈1차 평가보고서〉 작성 시에는 기후변화

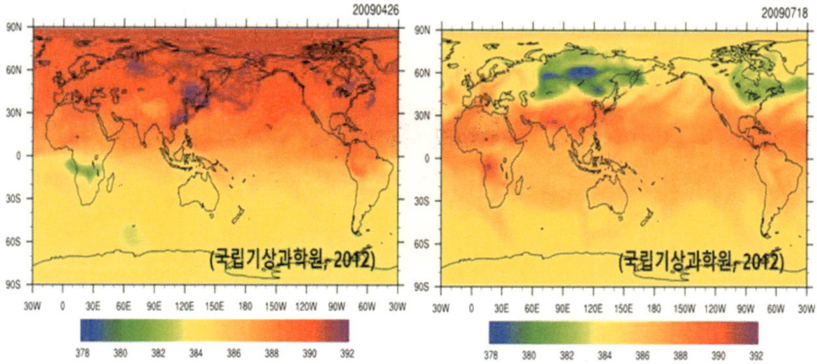

그림 8 국립기상과학원 탄소추적시스템(Carbon Tracker)에 의해 모의된 2009년 이산화탄소 일 농도: 왼쪽 패널은 2009년 4월 26일, 오른쪽 패널은 2009년 7월 18일(단위는 ppm).

의 원인을 규명할 수 있는 명백한 탐지는 당분간 어려울 것이라고 예상한 바 있다. 그러나 기후변화의 원인 규명 문제는 그 이후 지속해서 진보되어 〈AR4〉(2007년 발간)에서는 인간 활동이 원인일 가능성이 매우 크다(90% 이상)고 평가하였으며, 이후 원인을 규명하고 그 영향을 정량적으로 산출할 수 있게 되었다. 〈AR5〉에서는 1951년 이후의 관측된 온난화의 주된 원인이 인위적인 영향일 가능성이 대단히 크다(95% 이상)고 평가함으로써(그림 9참조), 기후변화가 일어나고 있고 그 원인이 인간 활동에 의한 것이라고 국제사회에 보고하였다. 기후변화의 원인 규명은 관련 분야 국제협상에서 매우 결정적인 역할을 한다. 온난화가 일어나고 있더라도 인간 활동에 의한 것이 아니라고 결론이 난다면, 국제협상은 온실가스 감축에 의한 완화보다는 기후변화에 의한 영향에 적응하는 방안이 가장 중요한 이슈가 될 것이다. 그러나 〈AR5〉에서 인간 활동으로 온난화가 일어나고 있다고 평가함으로써, 기후변화 대응을 위하여 국제협상을 통한 온실가스 감축 노력이 필수적임을 확인하였다.

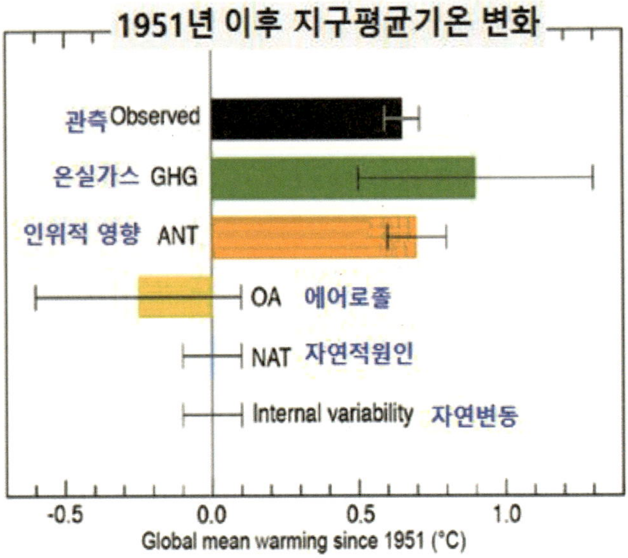

그림 9　20세기 후반 이후 발생한 관측된 온난화와 원인별 영향의 크기 비교(IPCC, 2014)

미래 기후 전망

기후변화에 대응하기 위해서 미래 기후가 어떻게 변할 것인지를 예상하는 것은 매우 중요하다. 미래를 예측하려면 온실가스와 에어로졸의 농도가 어떻게 변할 것인지를 알아야 한다. IPCC는 미래 온실가스/에어로졸 경로를 네 종류(4개의 대표농도경로(RCP)[16] 시나리오)로 구분했는데, 온실가스 배출에 영향을 미치는 인구수, 기술, 정책 등을 고려해서 경로를 결정한다. 제안된 시나리오 중 RCP8.5는 최악의 시나리오로 온실가스 배출량이 계속해서 증가하는 시나리오이며, RCP2.6은 2020년 이후 온실가스 배출이 빠른 속도로 줄어드는 시나리오다. RCP 뒤에 오는 숫자는 2100년 복사강제력의 크기를 의미하는데 2011년 현재 복사강제력이 2.3W/m^{2}인 것과 비교하면 온실효과의 크기를 알 수 있다.

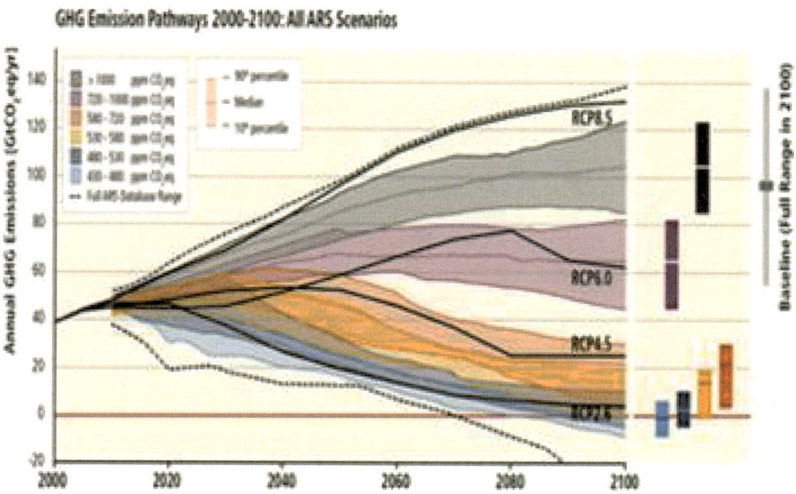

그림 10 IPCC 온실가스 시나리오(IPCC, 2013)

4종의 온실가스 시나리오에 따라 2100년까지 지구 기후 전망을 하기 위하여 우리나라 국립기상과학원을 비롯하여 14개국의 연구기관이 기후모델을 이용하여 예측한 자료를 공유하여 미래를 전망하였다. RCP8.5 시나리오에 따르면 온도는 평균 3.7℃ 상승, 해수면은 63cm 상승할 것으로 전망하였고, 온실가스 배출량이 빠르게 줄어드는 RCP2.6 시나리오에서는 온도는 1℃, 해수면은 40cm 상승하는 것으로 전망하고 있다[표 1]. 지난 100년 동안 온도가 1℃가 상승했는데, 최악의 경우 앞으로 100년 동안 4℃ 정도가 상승한다고 하면, 지금보다 4배 빠른 속도로 온난화가 진행된다는 것을 의미하며, 이러한 빠른 변화로 심각한 피해가 발생할 것으로 예상한다.

최악의 시나리오를 가정하면 우리나라 기온은 5℃ 이상 상승할 가능성이 있으며, 강수량은 불확실성이 크기는 하지만 20% 이상 증가할 것으로 전망된다(김진욱 등, 2015). 폭염(일최고기온 33℃ 이상 인 날), 열대야(일최저기온 25℃ 이상인 날) 등 극한 기온 현상의 발생이 많이 증가하여 폭염이 현재보다 4배, 열대야는

표 1 온실가스 시나리오 따른 2100년 기온과 해수면 상승 전망

시나리오	기온(℃)	해수면 상승(cm)
RCP2.6	1.0(0.3~1.7)	40(26~55)
RCP4.5	1.8(1.1~2.6)	47(32~63)
RCP6.0	2.2(1.4~3.1)	48(33~63)
RCP8.5	3.7(2.6~4.8)	63(45~82)

10배 이상 발생 빈도가 증가할 것으로 전망된다. 폭염이 현재는 7~8월에 발생하지만, 미래에는 5월부터 9월까지 발생할 수 있고, 특히 8월에 20일 이상 발생할 수 있다. 최악의 시나리오의 경우 온도의 최곳값이 45℃까지도 올라갈 가능성도 있다. 기후변화의 주요 영향은 물부터 시작하여 식량, 생물, 해양, 보건, 환경 등 인간 생존과 관련된 각 분야에서 심각한 위험이 될 수 있다.

맺는말

2018년 10월 인천에서 개최된 IPCC 총회에서 〈지구온난화 1.5℃ 특별보고서〉가 채택되었다(SR1.5; IPCC, 2018). 이 보고서에서는 현재 지구 평균기온이 산업혁명 이전과 비교하여 이미 1℃ 상승하였으며, 온난화가 1.5℃일 경우 2℃상승보다는 위협이 감소한다는 것을 보고하고 있다. 1.5℃ 온난화(즉 현재보다 0.5℃만 더 상승)를 달성하기 위해서는 사회경제 전반에 전환이 필요하고, 이산화탄소 배출량을 급격히 줄여야 하며, 2050년에는 이산화탄소 등 온실가스 배출이 '0'이 되어야 한다는 것을 강조하였다.

과학자들은 수만여 편에 달하는 방대한 연구논문들의 결과를 집대성하여 과학적으로 기후변화가 일어나고 있고 그 원인이 인간 활동에 의한 것이라고

확인하였다. 미래에는 온실가스가 많이 배출될수록 온난화가 심각해지고, 그에 따라 사회경제 모든 부문과 자연 생태계에 심각한 영향이 나타나고, 위협이 증가할 것이라고 경고하고 있다. 현재 나타나는 온난화는 짧은 시간 내에 빠르게 변화하고 있으며, 그 속도 또한 빨라지고 있으며, 가속화될수록 위협은 커질 것이다. 기후변화는 피할 수 없다. 그러나 기후변화의 속도는 줄일 수 있다. 지금 우리가 어떻게 대응하는가가 우리 세대와 미래 세대의 지속 가능한 발전을 결정할 것이다.

1 UNFCCC: UN Framework Convention on Climate Change

2 IPCC: Intergovernmental Panel on Climate Change

3 WMO: World Meteorological Organization

4 UNEP: UN Environmental Programme

5 WG: Working Group

6 TSU: Technical Support Unit

7 SyR: Synthesis Report

8 〈AR6〉: The 6th Assessment Report

9 SPM: Summary for Policy Makers

10 CLA: Coordinating Lead Author

11 LA: Lead Author

12 RE: Review Editor

13 CA: Contributing Author

14 ppm: 백만분의 일, parts per millio

15 ppb: 십억분의 일, parts per billion

16 RCP, 대표농도경로: 인위적인 기후변화 요인의 국제 공인 미래 시나리오, 온실가스·에어로졸·토지 이용변화 포함.

참고문헌

IPCC, 2014: Climate Change 2014: Synthesis Report. Contribution of Working Groups I, II and III to the Fifth Assessment Report of the Intergovernmental Panel on Climate Change [Core Writing Team, R.K. Pachauri and L.A. Meyer (eds.)]. IPCC, Geneva, Switzerland, pp. 151

IPCC, 2018: Summary for Policymakers. In: Global warming of 1.5°C. An IPCC Special Report on the impacts of global warming of 1.5°C above pre-industrial levels and related global greenhouse gas emission pathways, in the context of strengthening the global response to the threat of climate change, sustainable development, and efforts to eradicate poverty [V. Masson-Delmotte, P. Zhai, H. O. Portner, D. Roberts, J. Skea, P. R. Shukla, A. Pirani, W. Moufouma-Okia, C. Pean, R. Pidcock, S. Connors, J. B. R. Matthews, Y. Chen, X. Zhou, M. I. Gomis, E. Lonnoy, T. Maycock, M. Tignor, T. Waterfield (eds.)]. IPCC, Geneva, Switzerland, pp 32.

Stocker, T.F., D. Qin, G.-K. Plattner, M. Tignor, S.K. Allen, J. Boschung, A. Nauels, Y. Xia, V. Bex and P.M. Midgley (eds.), 2013: *Climate Change 2013: The Physical Science Basis.* Contribution of Working Group I to the Fifth Assessment Report of the Intergovernmental Panel on Climate Change. Cambridge University Press, Cambridge, United Kingdom and New York, NY, USA. pp 1,535.

김진욱, 권원태, 변영화. 2015: 관측 자료와 RCP 8.5 시나리오를 이용한 우리나라 극한 기온의 월별 변화. *Journal of Climate Change Research,* 6(2), pp 61~72.

김진욱, 부경온, 최준태, 변영화, 2018: 한반도 100년의 기후변화 보고서. 국립기상과학원, 제주특별자치도 서귀포시, pp 31.

제4장

북극 온난화와 이상기후

김성중 극지연구소 책임연구원

기후변화는 지구가 탄생한 이래 현재까지 꾸준히 진행되어 오고 있는 자연현상인데, 최근엔 정치적인 용어가 돼버렸다. 각국의 이해가 다르고 경제와 직결되기 때문으로 여겨진다. 이 장에서는 기후변화의 실상에 대한 과학적인 설명에 집중해 기술하고자 한다. 사실 과거의 기후변화 기록을 보면 극지의 온난화는 중위도나 저위도보다 더 크게 일어났다. 남극은 성층권 오존을 파괴하는 물질의 사용으로 인해 오존홀이 존재했었고, 이것 때문에 약간의 냉각화가 나타나고 해빙도 약간의 증가 경향에 있다. 남극 오존홀이 지금은 서서히 회복 중이지만, 완전히 회복되려면 수십 년은 더 걸릴 것으로 보고 있다. 그러나 북극은 거의 모든 곳에서, 모든 계절에 걸쳐 온난화가 빠르게 진행되고 있는 것은 명확한 사실이다. 그리고 북극의 빠른 온난화는 중위도에 이상기후를 유발하는 것으로 밝혀지고 있다. 최근 빠르게 진행 중인 북극 온난화와 중위도 이상기후가 어떻게 연관돼 있는지에 대해 알아보도록 하자.

현재의 빠른 기후변화

현재 진행 중인 지구온난화가 인위적인지 자연적인지를 둘러싸고 격렬한 논쟁이 이루어지고 있다. 특히 지구온난화에 큰 영향을 끼치고 있는 미국이 교토의정서와 파리기후협약에서 탈퇴하고, 전 지구 평균온도 상승을 산업화 이전 대비 1.5℃ 이내로 제한하기 위한 합의에도 반대함으로써 지구온난화 문제 해결을 더욱 요원하게 만들고 있다. 2013년에 출간된 〈IPCC 5차 보고서〉에 의하면, 지난 100년간 0.85℃ 정도 전 지구 평균기온이 올랐다고 한다. 많은 연구 결과를 종합적으로 분석하여 내놓은 결과이기에 신뢰도가 높다. 이 수치는 자연적 변화의 양과 이산화탄소 증가에 의한 인위적인 요인이 복합적으로 적용된 결과라고 할 수 있다. 산업혁명 이전에는 인위적인 요인이 거의 없었기에 자연변동으로 가정하고, 이 수치(0.85℃ 기온 상승)를 과거의 자연변동과 비교한다면 보수적으로 잡아도 약 8배 정도 빠른 속도라고 할 수 있다. 여기서 중요한 것은 변화한 양보다는 증가하는 속도이다. 지난 1만 년 동안 지구의 평균기온은 자연변동으로 대략 0.5℃ 범위의 이내에서 변동하였다. 이와 비교해 보면 최근에 일어나는 온난화가 얼마나 빠른지 알 수 있다. 그런데도 변화한 양이 적어 보이기에 회의적으로 보는 시각도 많이 있다.

육지에서는 기온편차가 전 지구 평균보다 더 크다. 산업화 이후부터 최근까지 육지에서 관측한 1900~2018년 평균기온 대비 매년 기온의 차이를 보면 전 지구 육지의 평균기온은 1.5℃ 이상 증가하였다. 앞에서 기술한 바와 같이 해양에서 관측한 기온까지 포함하는 전체 지구의 평균기온 상승은 이보다는 작다. 즉 지난 100년간 전체 지구의 평균기온은 0.85℃ 상승했지만, 육상에서는 1.5℃ 상승했다. 해양의 기온 변화는 육지보다 느리기 때문이다. 분명한 사실은 1900년대 초보다 최근으로 오면서 기온이 분명히 오르고 있다. 지난 100여 년간 육지에서의 평균기온은 1.5℃ 이상 올랐다는 점이다. 보기에 따라서는 온도가 천천히 올라가는 것 같지만, 앞에서 기술 한 바와 같이 과거의 기후변화 기록과 비교해 보면 산업혁명 이전에는 이렇게 빨리 전 지구의 기온이 올랐던 적이 없다.

〈IPCC 5차 보고서〉에서는 산업화 이후 이처럼 가파른 기온 증가는 자연변동에 의한 요소도 섞여 있지만, 빠르게 증가하고 있는 이산화탄소 농도에 의한 것이 가장 중요한 요인이라고 보고 있다. 플라이스토세(약 258만 년 전) 이후 자연변동에 의한 이산화탄소 농도는 빙하기의 약 200ppm에서 간빙기의 약 280ppm 정도 범위에서 오르내렸다. 물론 공룡이 살았던 중생대에는 1,000ppm 이상 대기 중 이산화탄소 농도가 증가했던 적도 있었다. 그러나 이후 대기 이산화탄소 농도는 서서히 감소하였고, 적어도 지난 300만 년 동안은 200~280ppm까지 자연변동의 범위가 유지되고 있다. 즉 일정 범위 내에서 오르내리면서, 간빙기 동안에도 300ppm을 넘은 적은 없었다는 의미이다. 하지만 1850년경부터 영국을 중심으로 산업화가 진행되면서 이산화탄소의 배출이 급격히 늘어났고, 현재는 400ppm 이상까지 올라 자연변동의 범위를 100ppm 이상 초과하고 있다. 혹자는 대기 중 이산화탄소는 가파르게 증가하는데, 왜 전 지구 온도는 같은 비율로 상승하지 않는지 궁금해한다. 예로 2000년대 이후 최근까지 관찰되는 '지구온난화의 정체(Global Warming Hiatus)' 현상은 이산화탄소 농도증가와 다른 양상이다. 이는 해양이 완충 작용을 하기 때문이다. 즉, 이산화탄소 증가에 대해 전 지구 온도가 선형적으로 증가하지 않는 이유는, 해양은 '비열(단위 질량의 물질을 1℃ 높이는데 필요한 에너지)'이 높아서 데워지는데 아주 오랜 시간이 걸리기 때문이다.

현재 지구온난화에 대한 해양의 반응을 보면, 해양 표층은 가열되고 있지만, 아래층은 아직 큰 차이가 없다. 심층의 물은 온도가 5°C 이하로 낮기에, 대기의 바람이 강해져서 심층의 물이 표면으로 올라오면 전 지구 기온을 떨어뜨리는 효과가 있다. 적도와 태평양의 동안에서 실제로 심층의 물이 표면으로 올라

오는데, 이런 지역들은 표면 수온이 낮다. 그래서 해양의 온도가 오르기 전까지는 대기 이산화탄소 증가에 대해 같은 비율로 전 지구 온도가 오르지 않는 것이다.

자연변동에 비교하면 전 지구 기온 상승도 가파른데, 북극의 기온 상승은 전 지구 기온 상승보다 더 빠르다. 북극의 온난화는 전 지구 평균기온보다 2~3배 더 빠르게 진행 중임을 알 수 있다. 이를 '북극 온난화 증폭(Arctic Amplification)'이라 하는데, 사실 과거의 기후변화 기록을 보면 '양극 온난화 증폭(polar amplification)' 현상도 있었다. 대기 중 이산화탄소가 증가하면, 적도에서 온도가 올라가는 양보다 양극에서 올라가는 양이 훨씬 더 크다는 의미이다. 북극의 온도 편차가 전 지구 평균보다 훨씬 더 크다는 것은 극 지역이 다른 지역에 비해 지구온난화에 더 민감하게 작용한다는 뜻이다. 그런데 흥미롭게도 산업화 이후 최근까지는 북극에서만 온난화 증폭이 일어났다.

먼 미래에 남극도 궁극적으로는 온난화 증폭이 일어나겠지만, 우리가 70~80년대에 냉매나 헤어스프레이로 사용했던 프레온가스의 사용으로 남극의 오존이 많이 파괴됨에 따라 남극 성층권의 온도가 내려가고 주변의 대기 순환이 강해져서 아직은 온난화 증폭이 일어나지 않고 있다. 다행히 1990년 초 캐나다 몬트리올에서 남극 성층권 오존을 파괴하는 물질을 더는 사용하지 않기로 합의함에 따라 90년대 중반부터는 서서히 남극의 성층권 오존농도가 회복 중이다. 하지만 1960년대 수준으로 회복되려면 아직도 수십 년은 걸릴 것으로 보고 있다.

북극의 빠른 온도 증가 때문에 북극의 바다 얼음(해빙, 海氷)도 빠르게 줄고 있다. 1979년 미국 NASA에서 마이크로파 센서를 장착한 인공위성을 쏘아 올리면서 극 지역의 해빙 변화를 시시각각 모니터링할 수 있게 되었는데, 일례로 2018년 10월 22일 인공위성으로 관측한 북극해의 해빙농도는 과거 평균보다 북반구 여름인 8월 상당히 줄어들었다. 해빙은 대기와 해양 사이에 위치하면서 기온과 수온의 변화에 따라 얼기도 하고 녹기도 한다. 또한, 바람과 해류에 의해서 지속해서 움직인다. 해빙의 변화는 이처럼 복합적인 요인에 의해 일어나는데, 2012년 9월 초에는 1979년 인공위성으로 해빙의 면적을 관측한 이래 가장 작은 면적까지 줄었었다. 이 당시는 일차적으로 초여름에 수온이 올라가면서 해빙이 많이 줄었고, 이로 인해 다른 해빙이 움직일 수 있는 공간이 생김에 따라 해류와 바람을 타고 해빙이 북극해에서 북대서양으로 많이 빠져나갔기에 많이 줄어들었던 것으로 여겨진다. 어쨌든 2012년에 기록했던 최저점은 아직 갱신되지 않고 있다. 이후에도 현재까지 해빙의 분포를 보면 2012년보다는 넓지만 2000년대 이전보다는 아주 많이 줄어든 해빙의 면적을 보여주고 있다. 해빙이 가을철 평년보다 많이 얼지 않아 북극해에 빈 곳이 많이 생기면 중위도에 이상기후를 만드는 데 중요한 역할을 한다.

바다 얼음뿐 아니라 그린란드의 연안을 중심으로 육지의 얼음(빙하)도 빠르게 녹고 있다. 기후변화의 가장 중요한 지표로서 빙하의 변화가 가장 널리 이용된다. 언론에 빙하 감소에 따른 해수면 상승에 관해 많은 기사가 쏟아지고 있는데, 한 가지 주목해야 할 점은 빙하가 녹는 양뿐 아니라 쌓이는 양도 고려해야 한다는 점이다. 그린란드의 내부는 고도가 3,000m가 넘기 때문에 대부분 지역이 스노우 라인보다 위에 있어서 빙하가 약간 증가하고 있다. 하지만 스노우 라인보다 낮은 연안을 따라서는 빠르게 줄고 있다. 전체적으로 보면 그린란드 빙하가 줄고 있는 것은 확실한 사실이다. 모든 계절에 감소하고 있는 것은 아니고, 북반구 여름철을 중심으로 빙하가 (다른 지역보다) 빠르게 녹고 있다. 남극도 온난화에 의해 서남극 연안에서는 빙하가 빠르게 녹고 있다.

북극 온난화 증폭의 원인

북극 온난화 증폭의 원인은 굉장히 복잡하다. 가장 중요하고 널리 알려진 요인이 'Ice-Albedo Feedback'이다. 언론을 통해서 많이 보도된 바 있는데, 눈과 얼음은 흰색이기 때문에 대부분(70~80% 이상)의 태양 빛을 반사하는 데 반해, 물은 탁한 색이기 때문에 태양 빛의 90% 정도를 흡수한다. 그래서 기존에 얼음으로 덮여 있던 곳이 물로 드러나면, 많은 양의 태양 에너지를 흡수하면서 해양을 데우고, 데워진 물은 다시 해빙과 빙하를 녹여 더 많은 태양 에너지 흡수를 부추기는 식의 피드백(되먹임)이 반복되는데, 이것이 양의 되먹임으로 북극 온난화 증폭을 일으키는 많은 요인 중 하나이다. 그리고 지구온난화에 따라 북극해의 해양이 가열되면 많은 양의 수분이 대기로 빠져나가기 때문에 구름과 대기 수증기량이 증가한다. 수증기는 이산화탄소 같은 온실가스 역할을 하기에 온난화를 부추긴다. 구름도 대부분은 온난화를 부추기는 역할을 하는 것으로 알려져 있다. '플랑크 효과'도 중요한 역할을 한다. 즉, 복사 법칙에 의하면 표면 온도의 4승에 비례해서 복사하는데, 극 지역은 저위도보다 지면 온도가 낮기에 저위도보다 대기로 방출되는 복사량이 적기 때문에 극 지역의 온난화가 상대적으로 더 크다.[1] 그리고 극 지역은 겨울철 온도 역전(표면 온도가 상층보다는 온도가 낮은 현상)이 일어나기 때문에 중층대기에서 표면으로 복사하는 양이 표면에서 외부로 방출하는 장파 복사량보다 더 커서 표면의 온난화 증폭이 일어난다. 마지막으로 저위도에서 극 지역으로의 대기와 해양을 통한 열 수송량 증가가 북극의 온난화를 부추기는 역할을 한다.

한 가지 재밌는 점은 북극에서는 이처럼 빠르게 온난화가 진행 중이고 해빙과 육상 빙하도 빠르게 녹고 있는 데 반해, 중위도 특히 우리가 사는 한반도 근처를 중심으로 한 유라시아 근방은 온도가 내려가는 경향을 보인다[그림 1].

유라시아의 냉각화는 북반구 겨울철을 중심으로 나타난다. 1990년부터

2018년 2월까지 겨울철(12월, 1월, 2월 기온 평균) 온도 경향을 보면 북극은 10년에 1℃ 이상, 장소에 따라 2℃ 이상 온도가 빠르게 증가하고 있는 데 반해, 유라시아와 북미 지역은 겨울철 온도가 약하게 내려가는 경향을 보인다. 특히 시베리아와 동아시아의 기온 하강이 두드러진다. 기온뿐 아니라, 2000년대 이후 겨울철 결빙기도 길어지는 경향을 보이고, 최저 온도도 1990년대 말보다 내려가는 경향을 보인다. 지구온난화와는 상반되는 아주 흥미로운 결과라고 할 수 있다.

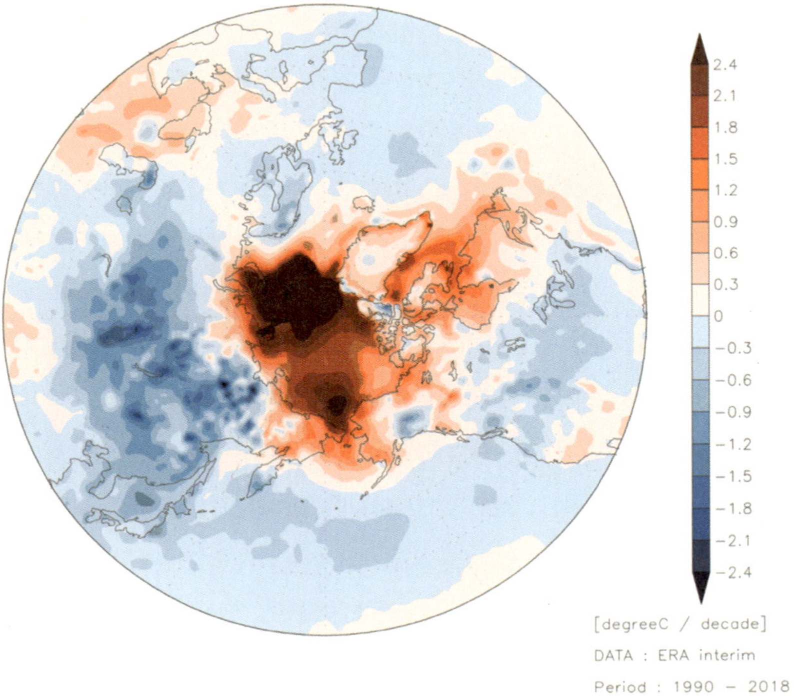

그림 1 1990년부터 2018년까지 겨울철 온도변화 경향. 북극은 온난화 경향이 뚜렷한데 반해 유라시아는 냉각화 경향이 나타남. 점들은 영역은 95% 신뢰도로 통계적으로 유의한 영역

장기간의 온도변화 경향은 서서히 내려가는 것처럼 보이지만 우리가 실생활에서 접하는 것은 훨씬 더 극단적이다. 매년 반복적으로 뉴스를 통해 접하게 되는데, 작년 겨울에 보도된 미국의 사례를 보면 나이아가라 폭포가 전부 얼어버렸고, 차들 또한 얼음에 덮였으며, 미국 중부가 워낙 춥다 보니 시카고를 차이베리아(chi-beria)라고 꼬집을 정도로 한파가 심했다. 북미뿐 아니라 한국도 역시 2000년대 이후 매서운 겨울 한파가 자주 발생한다. 예로, 2009년 12월, 2010년 1월에는 한파에 눈까지 많이 내려 수도권 전체 교통이 마비되어 많은 사람이 대중교통을 이용하느라 매우 혼잡했다. 2016년 1월에는 평균온도가 영하 5℃ 이하로 내려갔고 눈까지 오면서 제주공항이 3일간 완전히 폐쇄되어 당시 많이 방문했던 관광객들이 굉장히 고통을 받기도 했다. 2018년 2월에도 한강이 결빙됐었다. 1970년대만 해도 한강 결빙은 자연스러운 현상이었는데, 1990년대 이후 특히 1998년 평균온도가 최고로 오른 이후로는 한강 결빙이 굉장히 이례적인 현상이 되기 시작한 것이다. 최근의 한강 결빙이 뉴스가 되는 이유이기도 하다.

제주공항이 폐쇄됐던 2016년 1월 한파 당시 온도 편차를 보면 북극은 평년보다 따뜻했는데, 유라시아 지역의 기온은 평년보다 9℃ 정도 낮았다. 2016년 1월 24일 일기도를 보면 당시 왜 그렇게 추웠는지 알 수 있다. [그림 2]는 기상청에서 제공한 1월 24일 일기도인데, 시베리아 고기압 중심이 3개가 보이는데 당시 1,053hPa까지 올라갔었다. 전 지구 평균기압이 약 1,013hPa인 것에 비교하면 아주 많이 강해진 상태이다. 시베리아 고기압을 중심으로 시계방향으로 대기가 순환하는데, 시베리아 고기압 중심의 동쪽(오른쪽)으로 시베리아 중심의 찬 공기가 중국의 북동부와 한반도를 지나 일본의 서부와 대만까지 곧바로 남하하는 것을 알 수 있다. 시베리아 고기압 중심이 동시에 남하하면서 때로는 필리핀 주변 동남아시아까지 영향을 미치기도 한다.

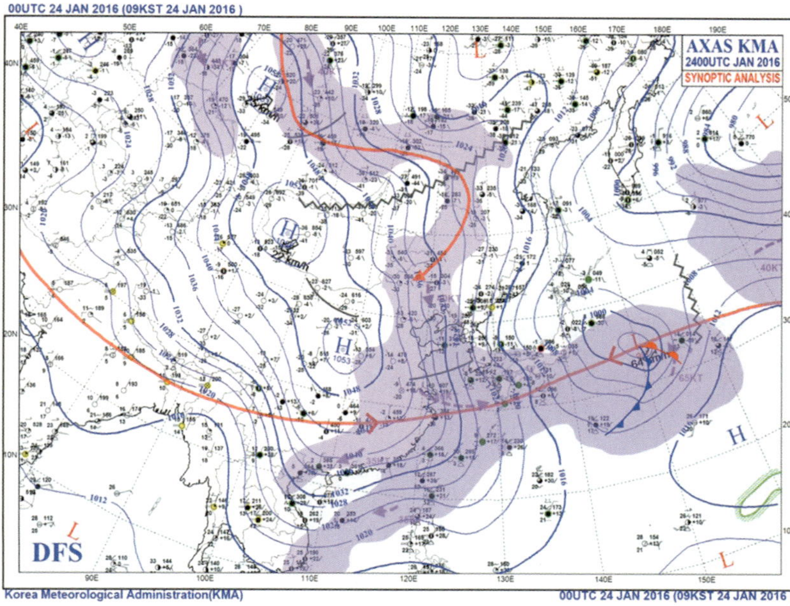

그림 2 2016년 1월 24일 동아시아 일기도

최근 겨울철 한반도 한파 발생원인

최근 몇몇 연구들에 의하면 북반구 겨울철 한파는 북극의 온난화에 따른 해빙감소와 연관 있다는 결과들이 속속 나오고 있다. 즉, 북극의 온난화가 북반구 제트기류를 약화시켜 중위도 한파를 유발한다고 보고되고 있다. 북극 기온이 올라가면 북극의 기압이 올라간다. 북극의 기압이 올라가면 중위도와 북극의 기압 차이가 줄어들면서 제트기류가 약화한다. 제트기류는 중위도 고기압과 고위도 저기압 차이에 의해 유지된다. 즉 공기는 고기압(중위도)에서 저기압(고위도)으로 흐르는데, 지구가 서에서 동으로 회전하기 때문에 공기가 북진하다가 동쪽으로 휘면서 서풍 제트기류가 만들어진다. 중위도 고기압과 고위도 저기압의 강도는 시시각각 변하기 때문에 제트기류의 세기와 위치는 수시로 반복(진동)하는데, 이를 다른 말로 북극진동이라 한다. 북극진동이 약하면 중위도에 한파가 찾아오는데, 이는 제트기류가 약화하면 중위도에 한파가 찾아온다는 의미와 같은 뜻이다. 제트기류는 대류권과 성층권까지 걸쳐서 서에서 동으로 거대하게 고리처럼 발달하는데, 이를 다른 표현으로 폴라보텍스[2]라 한다. 즉, 폴라보텍스가 강해지면 중위도가 따뜻해지는 데 반해 약해지면 중위도에 한파가 나타난다.

2016년 1월의 예를 보면 성층권 하부까지 평년보다 북극의 기압이 높았었다. 앞에서 기술한 바와 같이, 북극의 기압이 다른 지역보다 높게 되면, 중위도와 북극의 기압 경도 차이가 줄어들기 때문에, 제트기류가 약화한다. 즉 2016년 1월은 제트기류가 매우 약화했음을 의미한다. 2009/2010년 겨울에는 북극의 기압이 평년과 비교하면 많이 올라가는 사례가 두 번 있었다. 그리고 그 당시도 매우 추웠다. 그런데 2009/2010년 겨울과는 달리, 2016년에 재밌는 점은 북극의 기압 증가가 성층권까지 올라가지 않고 대류권에만 머물렀다는 사실이다. 보통 성층권 돌연승온이라고 해서 성층권까지 온난화되는 것이 더 일반적인데, 왜 온난화가 대류권에만 머물러 있는지 아직도 수수께끼다.

북극 기압이 평년보다 낮으면 북극을 중심으로 서에서 동으로 도는 폴라보텍스 띠가 팽팽한 데 반해, 북극 기압이 평년보다 높으면 폴라보텍스 띠가 들쭉날쭉해진다. [그림 3]의 왼쪽 그림처럼 폴라보텍스가 팽팽하면 북극 한기가 폴라보텍스에 갇혀서 중위도가 따뜻해지는 데 반해, [그림 3]의 오른쪽처럼 폴라보텍스가 약해서 울퉁불퉁해지면 제트기류가 중위도로 남하해서 골을 타고 북극의 한기가 바로 내려오게 되는 것이다. 폴라보텍스가 들쭉날쭉해지는 경우를 '사행'한다고 표현하는데, 사행하게 되면 한기가 중위도까지 쉽게 남하하는 걸 알 수 있다. 그리고 폴라보텍스가 남하한 지역에서 한파가 발생하는 것이다.

그림 3 북반구 폴라보텍스 모식도. (좌)폴라보텍스가 강할때로 보텍스가 팽팽하여 한기가 북극에 갇혀 중위도가 온난함. (우)폴라보텍스가 약할때로 보텍스가 들쭉날쭉하여 유라시아나 북미에 한파가 나타남

좀 설명이 복잡하고 어렵게 느껴질 수 있는데, 사실 북극 온난화에 의한 폴라보텍스 약화 그리고 중위도 한파까지 이르는 과정은 아직 연구의 초기 단계라서 명확히 밝혀지지 않은 부분도 많다. 북극진동은 자연적으로 발생하는 현상이다. 즉, 북극 온난화나 북극 해빙감소 없이도 중위도와 고위도의 기압은 서로 끊임없이 움직인다는 의미다. 그런데 2009년 12월이나 2016년 1월 사례는 북극진동의 지수가 자연변동보다 훨씬 더 극단으로 치우친 경우로 여겨진다. 지금도 이 부분에 대한 논쟁이 치열한데, 일부 학자들은 최근 겨울철 한파가 북극 온난화나 해빙감소와는 관련 없는, 즉 인위적인 영향이 없는 자연변동 일부로 보기도 한다.

지구온난화가 본격화되기 전 한반도의 겨울철 기상 특성은 삼한 사온이라고 해서 한기가 와도 3일 정도 있다가, 4일은 온기가 반복되는 식의 기상 패턴을 보였는데, 요즘은 특징이 달라져 북극진동 지수가 극단적으로 낮아지면, 즉 폴라보텍스가 극단적으로 약해지면, 최소 1주일 이상 강한 한파가 계속 지속된다. 예전엔 없던 이런 현상을 고위도 지역의 온난화와 연관시켜보니 잘 들어맞아서 한반도를 포함한 중위도의 한파 발생의 원인을 부분적으로는 북극 온난화에 따른 해빙의 감소에 의한 영향으로 보기 시작한 것이다. 즉, 기존에 자연적으로 존재했던 현상이 인위적으로 유발된 북극 온난화에 의해 더 극단적으로 치우치는 것으로 보이고, 결국 북극 온난화 증폭의 한 파생물로 여겨진다(Kim and Kim, 2018).

북미도 북극 온난화에 의한 한파의 영향을 받는데, 기작이 한반도에 미치는 기작과는 좀 다르다. 알래스카 지역에 (저지) 고기압 혹은 블로킹(blocking)[3]이 발생하면 블로킹의 오른편에 강한 골이 만들어져 미국 동부지역 때로는 플로리다까지 한기가 남하한다. 알래스카 블로킹이 북극의 온난화와 연관이 있는데, 북극이 따뜻해지면 기압이 올라가 블로킹이 발달하고, 그것의 부수효과(side effect)로 미 동부에서 한파가 발달하는 것으로 여겨진다. 최근 겨울철 시카고나 뉴욕을 중심으로 거의 매년 반복되는 한파는 대부분 북극 온난화의 영향이며, 지난해 겨울 시카고 지역에 있었던 기록적인 한파도 척치해와 베링해 쪽에 발달했던 블로킹과 무관하지 않은 것 같다. 그렇기에 최근 겨울철 잦게 발생하는 한파도 지구온난화의 side effect로 볼 수 있다.

미국은 북동부를 중심으로 하여 지난 몇 년 동안 거의 매해 겨울에 한파가 찾아왔을 때 트럼프 미국 대통령이 이렇게 추운데 무슨 지구온난화냐고 비꼬기도 했다. 아마 일반 시민들도 비슷한 궁금증을 가질 수 있다. 그리고 온난화는 범지구적인데 중위도 한파는 일부 지역에 특정 계절에만 집중되는 것으로 보여서 지구온난화와 어떻게 연관이 있는지 의아해 할 수 있다. 하지만 이는 상당 부분 지구온난화의 영향 때문으로 여겨진다. 즉, 지구를 풍선이라고 가정했을 때, 지구온난화라는 물체가 북극을 짓누르면 중위도에서 풍선이 튀어나오는 이치와 같다고 보면 된다.

폴라보텍스 약화의 원인

북극의 해빙은 9월 초에 가장 많이 감소하였다가, 9월 중순부터 다시 얼기 시작하여 11월이면 북극해의 대부분 바다가 얼음으로 덮이게 된다. 북극 해빙이 가장 늦게까지 얼지 않는 곳이 북대서양과 연해 있는 카라-바렌츠해이다. 북대서양의 따뜻한 물이 미국의 동부 연안을 따라 흐르다 시계방향의 순환을 따라 대서양을 가로질러 유럽의 스페인과 영국 부근으로 갔다가 일부는 아프리카 쪽으로 돌아 내려오고, 일부는 북극해로 유입된다. 유럽 연안을 따라 북극으로 유입되는 물은 카라-바렌츠해를 거쳐 북극해로 유입된다. 즉, 카라-바렌츠해는 적도에서부터 흘러들어온 따뜻한 물이 지나는 길목이기에 얼음이 초겨울까지도 얼지 않는다. 그런데 만약 초겨울에 평년보다 카라-바렌츠해의 해빙이 덜 얼면, 대기는 이미 많이 차가워져 있기에, 카라-바렌츠해의 해빙이 얼지 않은 부분에서 많은 양의 열이 대기로 빠져나가게 된다. 대기와 해양의 온도 차이가 아주 크기 때문이다. 많은 열이 해양에서 대기로 빠져나가면 북극 기온을 올리고 등압선을 팽창시켜 기압을 올리게 된다. 북극의 기압이 올라가면 중위도와의 차이가 줄어들어 제트기류를 약화시키는 것이다. 많은 열이 대기로 빠져나가면 행성파 활동이 강해져서 이미 존재하는 성층권의 서풍 제트기류를 약화시켜 이른 시일 안에 성층권에 온난화를 유발하는데, 이를 '성층권 돌연승온'이라 한다(Kim et al., 2014). 즉 성층권 돌연승온이 발생하면 폴라보텍스가 약화하는 것이다.

북극 해빙감소와 더불어 성층권 폴라보텍스를 약화하는 요인으로 시베리아 강설량 증가도 많이 거론되고 있다. 9월에 해빙이 줄어들면 많은 양의 수분이 대기로 빠져나가면서 시베리아에 많은 양의 눈을 만들어낸다. 특히 눈의 양이 빠르게 증가하면 일차적으로는 표면 냉각을 가져와 시베리아 고기압을 강화해 한파를 일으키고, 이차적으로는 북극 해빙감소와 같이 성층권으로의 행성파 활동을 강화해 성층권 온도를 올려 폴라보텍스를 약화한다. 아마도 가을철 시베리아에 눈이 빠르게 확장하면, 눈이 있는 곳과 없는 곳의 온도 차이에 의해 행성파 활동이 강화되는 것으로 여겨진다. 하지만 시베리아의 눈이 어떤 기작에 의해 성층권 돌연승온을 일으키는지는 아직 확실하지 않다. 북극 해빙감소와 시베리아 강설량 증가 이외에도 적도의 엘니뇨, MJO 위상[4] 등이 성층권 폴라보텍스를 약화한다는 연구결과도 있는데, 아직 이해의 초기 단계이고 해빙이나 시베리아 눈이 폴라보텍스에 미치는 영향과 비교하면 이해의 정도가 낮다.

앞에서 '북극에 온난화가 있으면 동아시아에 한파'가 나타나는 것처럼 아주 단순하게 연결해 설명했지만, 실제 그 내부에 들어가 보면 연계 과정이 아주 복잡하고 반응하는 시간도 다르다. 일단 북극 온난화가 증폭되면 해빙이 덜 얼게 되고, 늦가을 해양에서 대기로 많은 양의 열과 수분이 빠져나간다. 그러면 두 가지 경로로 동아시아에 한파가 발생하는데, 하나는 1주에서 2주 정도 짧은 규모의 반응이다. 카라-바렌츠해의 기압이 올라가면 우랄산맥 근처에 블로킹(고기압 정체 현상)이 발달하고, 북극해와 우랄산맥 근처의 블로킹 고기압은 이미 가을부터 시베리아와 몽골리아에 발달해 있던 시베리아 고기압을 더욱 강화해서 동아시아에 한파를 유발한다. 이런 반응을 '종관규모 반응'이라 한다.

두 번째 반응은 좀 더 길게 한 달에서 약 3개월 동안 북반구 전체 규모에서 나타나는 경로이다. 북극해에서 늦가을 결빙이 되지 않은 곳에서 많은 양의 열과 수분이 대기로 방출되면, 저층의 기압을 올리는 것과 동시에 성층권으로 행성파 전파를 더욱 강화해 기존에 발달해 있는 서풍 제트기류를 교란하고, 성층권 온도를 높이고 극 지역의 기압을 높이는 현상이 발생한다. 이를 앞에서 언급했던 '성층권 돌연승온'이라 한다. 성층권의 기압이 올라가면 다시 대류권으로 하강 전파되어, 극 지역의 전체 기압이 올라가면서 제트기류를 약화하게 된다. 보통 북극해가 온난화되면 제트기류가 약화되는 데까지 1달에서 3개월가량 걸린다.

하지만 성층권에서 어떤 기작에 의해 대류권으로 하강 전달되는지 아직 명확히 이해되지 않고 있다. 즉 북극 온난화부터 중위도 한파까지 많은 연쇄작용이 있는데, 단계별 연결 고리를 이해하는 데 아직 초기 단계이고 활발히 연구 중인 주제이기도 하다. 이 모든 과정을 정확하게 이해할 수 있다면, 예측도 정확하게 할 수 있을 것이다. 이와 같은 기작을 이해하기 위하여 우리뿐만 아니고 일본, 중국, 북미, 유럽에서도 굉장히 활발하게 연구를 진행하고 있다.

좀 장황하게 설명했는데, 다시 요약하면, 이산화탄소 증가 때문에 온실효과로 북극의 대기와 수온이 올라가면, 9월까지 해빙이 녹아서 가장 적은 양으로 줄어들고 많은 양의 수분이 대기로 방출될 것이다. 9월 하순부터 10월까지는 시베리아 지역에 눈이 많이 오게 되고, 눈이 많이 오면 일차적으로는 표면 냉각을 가져와 시베리아 고기압을 강화한다. 그리고 이차적으로는 9월, 10월에 내리는 시베리아 눈이 평년보다 많으면 성층권 제트기류를 약화해 이듬해 겨울에 한파를 유발한다.

그리고 9월 말부터 해빙이 다시 얼기 시작하는데, 11월쯤 되면 북극해의 카라-바렌츠해만 빼고 거의 모든 곳에서 결빙이 일어난다. 카라-바렌츠해는 따뜻한 물이 대서양에서 들어오는 길목이라서 가장 늦게 결빙이 이루어지는데, 평년보다 결빙이 덜 되면, 해빙이 얼지 않은 곳에서 11월 말 12월 초 대기가 많이 차가워졌기 때문에 해양과 차이가 극대화되어 많은 열과 수증기가 대기로 빠져나가면서, 북극의 기압을 올리고, 때로는 행성파 활동을 강화해 성층권을 가열하여 대류권 및 성층권의 제트기류를 들쭉날쭉하게 만듦으로써 이듬해 1월이나 2월이면 평년보다 훨씬 더 추운 중위도 기상을 만들어내는 것이다. 현재 겨울철 북극 온난화와 중위도 한파에 대해서는 꽤 많은 연구가 진행되고 있다.

북극 온난화가 열파 및 다른 재해기상에 미치는 영향

최근 연구에 의하면 폴라보텍스의 약화는 겨울뿐 아니라 여름철 열파에도 이바지한다고 보고되고 있다. 지난여름(2018년) 한반도는 모든 기록을 경신할 만큼 매우 더웠다. 물론 적도나 중위도의 영향도 많이 있겠지만, 일부 학자들, 특히 독일 PIK(Potsdam Institute for Climate Impact Research)의 연구결과에 의하면, 북극 온난화에 따른 폴라보텍스의 약화로 인해 중위도의 열파가 발생 한다는 보고도 있다. 최근 북극 온난화가 진행되면서, 겨울에는 파동이 보통 2~3개 정도지만, 여름에는 6~7개로 쪼개진다. 그리고 골과 마루도 증폭시켜, 블로킹에 해당하는 마루와 북태평양 고기압이 동시에 위치하면 정체 현상이 생겨서 잘 움직이지 않고 뜨거운 열파를 유지하는 것으로 추측하고 있다. 북태평양 고기압이 한반도 상공에 위치하면서 계속 단열 하강기류를 만들어 공기를 계속 데우기 때문이다. 동시에 작년(2018년 여름)엔 푄 현상(Föhn phenomenon)까지 발생하여 동해의 태백산맥을 넘어온 공기가 하강하면서 단열 팽창 때문에 열파를 만들어냈고, 또 티베트 지역에 고기압이 발달하면서 세 가지 효과가 동시에 일어나 한반도의 열파가 극대화된 것으로 여겨진다. 지난해 한반도 열파는 폴라보텍스의 약화와 연관이 있다는 의견과 공교롭게 작년 적도 지역의 라니냐가 끝나가면서 엘니뇨가 다시 발달하고 있는 시기였기 때문에, 이 시기(라니냐 소멸-엘니뇨 발달)와 한반도 열파가 연관이 있다는 주장도 있다. 연구의 초기 단계라서 아직 정확하진 않다.

이외에도 최근 지구온난화와 더불어 기상이 계속 악화하고 있다. 작년에 태풍 플로렌스가 미국 노스캐롤라이나를 강타하면서 수조 톤의 물을 쏟아부었고, 사람들을 미리 대피시킨 상태라 희생자가 많지는 않았지만 큰 재산 손해를 끼친 바 있다. 그동안 태풍 카테고리 5까지 얘기했지만, 수온이 오르면서 서서히 카테고리 6까지 얘기가 나오고 있다. 그동안 분류되지 않은 규모의 태풍이다. 지구온난화에 의해 해수면이 올라가면서 그동안은 중위도에서 동쪽으로 빠져나가던 태풍이 고위도까지 진출하고, 해면 수온이 중위도에서도 계속 올라가니까 에너지 공급을 많이 받아서 중위도에서도 늦가을까지 태풍이 발생하기도 하고 규모도 계속 거대해지고 있다. 지난해는 가을장마도 심했다. 지난 여름 한반도 주변의 바다가 가열되면서 가을까지 많은 비가 온 것이 아닌지 추측해 본다. 당분간은 이런 악기상이 되풀이되지 않을까 조심스럽게 예측되는데, 이 부분은 조금 더 지켜봐야 할 것이다.

전망

서두에 언급한 바와 같이 1990년대까지 급속히 진행되던 지구온난화가 2000년대 주춤했었다. 이를 '지구온난화 정체(global warming hiatus)'라 한다. 그런데 불행하게도 최근 몇 년 전부터 지구온난화 정체 현상이 끝나고, 온난화가 다시 시작됐다는 보고가 있다. 일부 연구결과에 의하면, 2022년까지는 작년과 비슷하거나, 조금 더 높은 기온이 유지될 것이라고 주장하기도 한다. 물론 예측은 빗나갈 수 있기에 이 역시 조금 더 지켜봐야 할 것이다. 그리고 기후변화와 더불어 생물 다양성의 비율(bio diversity rate) 감소가 굉장히 빠르게 진행중이라는 연구내용도 있다. 즉 화석연료 사용 증가에 의한 온난화로 인해 많은 생물이 멸종하고 있다는 얘기이다.

수치 모델로 예측한 북극 여름철의 해빙은 향후 60년 이내에 모두 다 사라질 것으로 예측되는데, 예측의 불확실성이 높아서 앞으로 계속 지켜봐야 할 것 같다. 과거 지질시대의 기후변화 역사에서 오늘날과 유사한 적은 없었다. 해빙이 줄어들게 되면 많은 열과 수분이 북극해에서 대기로 방출될 것으로 여겨져, 당분간은 겨울철 한파가 계속 반복될 수 있다. 북극 온난화에 따른 폴라보텍스의 약화가 폭염에 영향을 미칠지에 대해서는 연구를 좀 더 심화해서 예측의 정확도를 높여 여름철 이상기후에 대비해야 할 것으로 보인다. 또 앞에서 살펴본 바와 같이 바렌츠-카라 해의 해빙이 변하면 시베리아 고기압의 강도에 영향을 주기 때문에, 동아시아 황사나 미세먼지 농도에도 영향을 줄 것으로 여겨진다. 왜냐하면, 시베리아 고기압이 강해서 바람이 강하면 미세먼지를 씻어내는 역할을 하기 때문이다. 북극 해빙과 동아시아 미세먼지 그리고 열파와의 관련성에 관한 연구는 아직은 초기 단계이며, 앞으로 계속해서 이루어져야 할 것이다. 마지막으로 결국 이 모든 문제 대부분은 이산화탄소 방출이 원인이며, 우리 모두 이산화탄소 농도를 줄이기 위한 다각도의 노력이 필요하다.

1 지구 온도가 태양보다 훨씬 낮아서 태양복사는 파장이 짧은 단파인 데 반해 지구에서 내보내는 파장은 긴 장파이다.

2 폴라보텍스(polar vortex): 북극과 남극의 대류권 중상부와 성층권에 위치하는 강한 저기압의 소용돌이 기류로, 극권 전역에 영향을 미칠 정도로 크며, 북극에서는 반시계방향으로, 남극에서는 시계방향으로 회전한다. 이 제트기류(jet stream)가 극 주변에 강하게 형성되면 북극에서 내려오지 않지만, 제트기류가 약해지면 중위도 지역으로 남하하면서 한파 피해를 준다. (출처: 네이버)

3 블로킹 현상(blocking phenomenon): 편서풍이 정상적으로 흐르지 못하고 남북으로 크게 사행하는 구조를 유지한 채 일주일 이상 지속하는 현상을 말한다. 대체로 겨울과 봄에 걸쳐서, 그리고 태평양과 대서양의 상공에서 주로 발생하며, 지속시간은 짧게는 일주일, 길게는 20일 이상의 것도 흔하다. (출처: 『지구과학사전』, 북스힐 2009)

4 매든 줄리안 진동(MJO, Madden-Julian Oscillation): 적도를 따라 대류운 덩어리가 서쪽에서 동쪽으로 이동하면서, 5m/s 정도의 속도로 30~60일에 한 번씩 적도를 돌며 지구를 지속해서 순환하는 현상(적도 서풍대).

참고문헌

Kim, B.-M., Son S.-W., Min, S.-K. Min, Jeong, J.-H., Kim, S.-J., Zhang, X., Shim, T.-H., Joon, J.-H., 2014, Weakening of the statospheric polar vortex by Arctic sea ice loss. *Nature Commuications*, 5:4646, DOI 10.1038/ncomms5646, pp. 1~8.

Kim, S.-J., Kim, B.-M., 2018, Arctic warming and its influence on East Asian winter cold events: A brief recap, 2018. *Advances in Polar Science*, 29, 1, 3~12, doi:10.13679/j.advps.2018.1.00003.

제5장

기후변화와 취약 생태계

공우석 경희대학교 지리학과 교수

지구온난화, 미세먼지, 플라스틱 쓰레기 등 환경문제는 무시하기도 피할 수도 없는 뜨거운 감자가 된 지 오래다. 사람들은 대기오염, 수질오염, 중금속 오염, 소음, 악취 등 나쁜 환경변화에 따라 피해가 발생하면 흥분하고 분노한다. 반면 자신 때문에 생기는 환경문제에 대해서는 관대하거나 무관심하다. 그러나 우리가 겪고 있는 환경문제의 원인 제공자를 찾고 나면 단 한 사람도 그 일과 무관하다고 말하기 어렵다. 우리는 환경오염의 피해자이기도 하지만 문제를 일으킨 원인 제공자인 동시에 가해자이기 때문이다.

사람들은 자신이 환경오염의 피해자라고 생각되면 불만을 제기하고 보상을 요구한다. 반면 땅, 공기, 물처럼 지구시스템을 구성하는 핵심요소 가운데 하나인 생명체는 인간에 의한 환경오염과 파괴의 피해를 고스란히 받으면서 살아가지만, 자신의 처지에 대해 하소연하지 못한다. 자연과 생태계는 지구상에 가장 늦게 출현한 인류가 만든 환경오염과 기후변화에 따른 부담과 피해를 고스란히 받아야 한다.

요즘 사람들은 함께 살아가는 반려동물과 기르는 식물에 대해서는 많은 애정과 관심이 있지만, 자연생태계에서 공존하는 대문 밖 동식물에 대해선 눈길 한번 주질 않는다. 자연생태계는 항상 우리의 관심 밖에 있다. 우리와 직접적인 이해관계가 없는 자연생태계의 동식물에 대해서도 배려하는 마음이 있을 때 비로소 우리는 생태적인 존재가 되고, 친환경적인 공동체의 일원이라고 말할 수 있을 것이다.

이 글에서는 지구촌이 당면한 환경문제 가운데 국제기구를 비롯한 두뇌집단들이 가장 우려하는 주제인 기후변화를 소개하면서 지구온난화가 자연생태계에 미치는 직접적인 영향에 대해 살펴보고자 한다. 특히 기온 상승에 취약한 생태계 구성요소인 한반도 극지 고산식물과 고산식물을 사례로 삼는다. 극지 고산식물(arctic-alpine plant)은 북반구 고위도의 북극권을 중심으로 분포하지만, 중위도 온대기후 지역 내에서 북극권과 비슷하게 혹독하게 온도가 낮고 강풍이 불고 눈이 많은 고산대와 아고산대에도 격리되어 분포하는 식물이다. 고산식물(alpine plant)은 나무가 자라는 수직적인 한계선인 교목한계선(tree limit)보다 높은 산지에 자라는 식물로 혹독하고 척박한 자연환경에서 다른 식물들보다 경쟁력을 갖고 자란다(공우석, 2007).

높은 산에 자라는 극지 고산식물과 고산식물은 지난 마지막 빙하기 이래 혹독한 추위, 강풍, 적설, 척박한 토양 환경에 적응하면서 진화한 식물이다. 따라서 기온이 가파르게 오르면 생리적으로 민감하게 반응하고, 온난한 기후를 좋아하는 식물들과의 경쟁에 밀려 사라지게 된다.

한반도의 북쪽인 북한의 높은 산에는 남한에서는 자라지 못하는 가솔송, 담자리꽃나무, 백산차 등 북극권에 주로 자라는 여러 종류의 식물이 자생한다. 오늘날 남한에는 전 세계에서 우리나라에만 자라는 특산종(endemic species)인 구상나무와 함께 가문비나무 등의 높은 산의 침엽수가 말라 죽는 고사 현상이 사회적으로 관심을 끌고 있다. 왜 한반도의 높은 산에 자라는 식물들이 이처럼 속절없이 사라지는 것인 지에 대한 논란에 대해서도 알아보고자 한다.

기후변화의 세계

기후변화를 바르게 이해하기 위한 첫걸음은 기상과 기후가 무엇을 가리키는지 들여다보는 것이다. 우리는 흔히 기상(날씨)과 기후라는 용어를 뒤섞어 사용하는데, 기상과 기후는 서로 다른 개념이다. 기상(氣象 weather)은 날씨, 일기라는 뜻으로 그날의 기온, 비, 바람처럼 짧은 시간 동안의 대기 상태를 말한다. 이와 달리 기후(氣候 climate)는 어떤 지역에서 오랜 기간 반복되는 평균적인 기상현상으로 보통 30년 이상 관측한 기상 값의 평균치를 이른다. 사람으로 치면 기상은 그날의 기분 또는 상태이고, 기후는 성장하면서 갖게 된 사람마다 성격이라고 할 수 있다. 다시 말하면 어떤 사람이 하루 일을 기록한 일기(日記)가 기상이라면, 개인의 일생을 기록한 전기(傳記)는 기후인 셈이다.

세계기상기구(WMO)에 따르면, 월평균 기온이나 월 강수량 등이 30년에 1차례 일어나는 정도로 비정상적인 일이 발생하는 것이 이상기상(異常氣象)이다. 단기간에 큰 피해를 주는 큰비, 폭염, 혹한처럼 평소의 기후 수준을 크게 벗어난 비정상적인 기상 현상이 이상기상이다. 이에 비교해 기후변화는 최소한 30년 또는 그 이상의 기간에 걸쳐 나타난 기후가 갖는 평균값보다 눈에 띌 정도로 오르거나 내려가는 것을 말한다. 즉 어떤 장소에서 매년 평균적으로 되풀이되고 있는 기후 현상이 태양 활동의 변화, 해수면 온도변화 등 자연적 요인이나 이산화탄소, 메탄 등 온실기체의 방출, 삼림 파괴 등 인위적 요인에 의해 변화하는 것이 기후변화다. 지구의 평균기온이 과거보다 상승하는 기후변화 추세가 바로 지구온난화다(공우석, 2018).

지금까지 지구상에는 다섯 번 정도의 큰 빙하기가 있었다. 이 기간 기존에 번성했던 생물의 대멸종이 있었다. 지금을 여섯 번째 대멸종의 시기로 보기도 한다. 여섯 번째 대멸종은 자연적인 요인보다는 인위적인 요인에 의한 것으로 인간에 의한 기후변화와 생태계 파괴가 생물 다양성의 감소를 부추기고 있다.

빙하기가 남긴 큰 발자국

지구의 역사 46억 년 동안 선캄브리아기, 고생대 중기와 후기, 중생대 중기 그리고 신생대 후기 등 적어도 다섯 차례의 빙하기가 있었다. 그러나 지구가 탄생한 이래 전체 기간의 75% 정도는 무더운 지구(hot house) 시기였고, 25%가 차가운 지구(ice house) 시기였다. 오늘날보다 훨씬 한랭했던 빙하기를 거치면서도 추위와 혹독한 자연환경에 적응하여 살아남아 진화를 거듭하여 북극지방과 고산지대에 공통으로 자라는 극지 고산식물이 요즘 지구온난화로 인해 수난을 겪고 있다.

신생대 제4기 플라이스토세(Pleistocene) 또는 홍적세(洪積世)는 지금으로부터 약 258만 년 전에 시작된 홀로세 이전 지질시대로 여러 차례의 크고 작은 빙하기가 있었다. 특히 약 11만 년 전부터 시작되어 2만 년 전후로 가장 혹독하게 추웠던 마지막 빙하기 또는 최후 빙기 최성기(最盛期 Last Glacial Maximum)가 1만 2000년 전에 끝나면서 빙하기는 마무리되었다.

최후 빙기 최성기 동안의 지구는 지금과는 사뭇 다른 모습이었다. 지금부터 약 2만 년 전쯤 가장 한랭했던 시기인 최후 빙기 최성기에는 오늘날보다 훨씬 넓은 면적의 지구를 대륙빙하(continental ice sheet)가 덮고 있었다. 오늘날 육지 면적의 10% 정도를 빙하가 덮고 있는 데 2만 년 전에는 대륙빙하가 육지의 33% 정도를 차지하였다. 당시 빙하의 두께도 오늘날과는 비교할 정도가 아닐 정도로 두꺼웠다. 특히 유럽 북서부에 있는 스칸디나비아 지역에 발달했던 빙하는 면적도 넓었고 두께가 3,000~4,000m에 달했으며 북서유럽과 러시아 일대까지 덮을 정도로 큰 규모였다.

빙하기에 접어들자 이전의 온난한 기후에 적응하여 살아온 생물 가운데 이동성이 낮은 동식물들은 빙하기를 넘기지 못하고 추위에 얼어 죽거나 보다 온난한 곳으로 밀려났다. 한편 추위를 피해 재빠르게 이동할 수 있는 기동력이 있는 일부 생물들은 한파를 피해 상대적으로 온난한 남쪽이나 저지나 해안 쪽으로 이동하면서 빙하기를 넘길 수 있는 피난처(Refugia)를 찾아 나섰다. 이 과정에서 바위틈 땅속으로부터 여름에는 찬바람이 불고 겨울에도 춥지 않은 바람이 부는 미지형인 풍혈(風穴)도 피난처 역할을 하였다(공우석 등, 2011, 2012, Gavin, et al, 2014).

최후 빙기 최성기 동안 유라시아대륙의 서쪽에 있는 유럽에서 유럽대륙과 이베리아반도를 동서로 가로지르는 피레네산맥과 중부 유럽과 남부 유럽을 동서로 나누는 알프스산맥, 유라시아대륙의 히말라야산맥 등지에 발달한 산악빙하는 동식물이 이동하는데 결정적인 장애물이었다. 그 결과 유럽에서 빙하기의 추위를 피해 남쪽으로 피난처를 찾아 이동하던 많은 동식물이 동서로 펼쳐져 있는 알프스산맥이나 피레네산맥을 넘지 못하고 사라졌다.

오늘날 유럽의 숲은 울창하지만, 실제 숲속에 들어가게 되면 식물들의 다양성이 우리나라 숲에 비교할 수 없을 정도로 빈약하다. 다시 말해 북서 유럽과 동북아시아의 생물 다양성이 크게 차이가 나는 이유의 상당 부분은 과거 빙하기가 남긴 발자국 때문이다. 현재 지형적, 기후적 다양성이 적고 인간에 의한 지속적인 간섭이 있었던 것도 유럽의 낮은 생물의 다양성에 영향을 미쳤다.

생물 다양성

현재 우리는 지금으로부터 약 1만 2000년 전부터 시작하여 오늘날과 비슷한 기후가 나타난 지질시대인 후빙기(後氷期)로 신생대 제4기 홀로세(Holocene) 또는 충적세(沖積世)라고 부르는 시대에 살고 있다. 인류의 역사상으로는 신석기 시대라고 부르는 시기이다.

독일 본대학(Univ. of Bonn) 연구진은 지구상 식물 다양성의 정도를 나타낸 분포도를 만들었다(Barthlott, et al. 2007). 식물 다양성 분포도에 따르면 남아메리카의 안데스 일대라든지 아프리카 콩고강 일대, 동남아시아 등 열대 우림과 열대 계절림이 발달하는 적도 일대에서는 종의 다양성이 높았다. 한편 한반도의 식물 다양성은 같은 위도상에 있는 유라시아 내 다른 온대지역에 지역과 비교해 높았다.

유라시아대륙의 동쪽 끝에 있는 한반도 면적이 22만㎢ 정도이며, 유라시아대륙의 서쪽 끝에 있는 섬나라인 영국의 넓이는 24만㎢ 정도이다. 영국에 자생하는 고등식물의 종수가 약 1,500종인데 비하여 우리나라에는 약 4,500여 종이 자란다. 영국보다도 좁은 국토에 식물 종이 3배 정도 많다는 것은 어떤 의미일까?

두 나라 사이의 생물 다양성 차이는 현재의 지형, 기후, 토양 등의 조건도 매우 중요하다. 영국은 섬나라이기도 하지만 가장 높은 산은 해발고도 1,343m의 스코틀랜드 벤 네비스(Ben Nevis)이고 전체적으로 구릉과 평지가 많다.

반면 한반도는 해발고도 2,744m의 백두산부터 시작해서 1,915m의 지리산까지 이어지는 백두대간과 1,950m의 한라산까지 우리나라는 지형적인 다양성이 있다. 남한에는 해발 2,000m를 넘는 산이 없지만, 북한에는 2,000m 산이 약 70여 개 정도 있다. 특히 백두산에서 지리산까지 이어지는 한반도의 척추와 같은 역할을 하는 백두대간은 빙하기 때는 북쪽의 식물이 남쪽으로, 따뜻해지면 추위를 피해 남쪽으로 피난 온 식물들이 고향인 북쪽으로 이동하는 통로(corridor)로 역할을 하면서 생태계를 이어주고 품어주었다.

현재 대한민국에는 472개의 유인도를 포함하여 3,348개의 섬이 있는데, 이는 인도네시아, 필리핀, 일본에 이어 세계에서 4번째로 많은 숫자다. 서해안과 남해안의 수심이 130m에 미치지 못하는 섬들은 빙하기 동안 육지였거나 해안에 가까운 섬으로 육지와 연결되어 북방에서 피난 온 생물들의 피난처나 서식지로서 기능했을 것이다.

유라시아대륙의 동쪽 끝에 태평양을 향해 돌출된 한반도는 북부 고산대의 한랭기후대부터 중부지방의 온대 기후대를 거쳐 남해안과 제주도의 난대기후까지 기후대가 다양하다. 아울러 고도에 따라 다른 기후대가 나타나 여러 기후대에 적응한 다양한 식물들이 분포하면서 식물의 다양성이 높아진 것으로 본다.

그러나 영국과 한국의 생물 다양성의 차이를 가져온 가장 근본적인 요인은 지난 빙하기 동안 환경의 차이에 있다. 최후 빙기 동안 영국은 남부 일부를 제외한 모든 지역이 두꺼운 빙하로 덮였던 데 비해 한반도는 빙하가 일부 높은 산에만 아주 드물게 나타나 빙하의 직접적인 피해는 크지 않았다. 빙하기 동안의 기후 차이는 한반도의 식물 다양성이 영국보다 세배 정도 높아지는데 결정적으로 영향을 미쳤다.

최후 빙기가 끝나고 홀로세에 들어 다시 기온이 오르면서 남쪽으로부터 난대성, 온대성 식물들이 되돌아오면서 빙하기에 북극권에서 한반도로 피난 왔었던 극지 고산식물과 고산식물은 난온대성 식물에 밀려 다시 한랭한 기후가 유지되는 북쪽으로 되돌아가게 되었다. 그러나 극지 고산식물 가운데 일부는 북쪽의 고향으로 돌아가는 대신 북방의 툰드라처럼 기온이 낮고 강풍이 불고 토양이 척박한 한반도의 고산과 아고산에 자리를 잡고 정착하여 오늘날처럼 산꼭대기에 섬처럼 고립되어 격리 분포하게 되었다(공우석, 2002, 공우석 등, 2014,

2017). 일부 극지 고산식물과 한대성 식물은 여름에도 시원한 냉풍이 나오고 겨울에는 온풍이 나오는 풍혈과 같은 특수한 지형에 정착하였다(공우석, 임종환, 2008).

약 12000년 전부터 시작된 홀로세에 들어서도 지구의 기후는 변화를 거듭하였다. 지금으로부터 2500~9000년 전은 홀로세에 들어 따뜻했었던 시기로 기후최적기(氣候最適期 climatic optimum 또는 hypsi-thermal)라 불린다. 당시 중위도에서는 지금보다 평균기온이 2.5°C 정도 높았을 것으로 본다. 고위도에서는 빙하가 북쪽으로 후퇴하였고 툰드라가 사라지면서 삼림이 발달하기도 하였다. 그 뒤 서기 1300~1700년 사이는 오늘날보다 기온이 낮았던 시기로 소빙기(小氷期 little ice age)라고 부르며, 추위에 생태계도 변화를 겪게 되었다.

한반도의 자연생태계

최후 빙기 최성기 동안 동아시아에서는 히말라야산맥으로부터 러시아 연해주까지 북서쪽으로 뻗은 높은 산줄기를 중심으로 빙하들이 발달했다. 따라서 북쪽에 살던 동식물들은 추위를 피해 남쪽으로 이동할 수밖에 없었다. 최후 빙기 최성기 동안 동북아시아에서 동해에 접해있던 한반도는 동식물들이 이동하여 추위를 넘길 수 있는 피난처이자 서식지 역할을 하였다. 그리고 당시 한반도는 동아시아에서 생물들이 빙하기를 넘길 수 있는 피난처이자 이동통로의 역할을 했다(Kong, et al, 2016).

최후 빙기 최성기 때 북반구의 유라시아대륙과 북아메리카대륙에는 빙하가 넓고 두껍게 발달하면서 해수면은 오늘날보다 130m 정도까지 내려갔다. 그 결과 현재 평균수심이 40여m 정도인 서해는 육지로 노출되었고 오늘날 중국과 몽골 내부에 발달하던 스텝과 같은 초원지대였던 것으로 알려졌다. 따라서 중국과 한반도는 하나의 육지로 연결되었고, 그 사이에 대한강(大韓江) 또는 고황하(古黃河)라는 하천이 있었다.

현재 한반도 남해안과 제주도 사이에 있는 남해의 평균수심은 130m 내외로 최후 빙기 최성기에 해수면이 오늘날보다 100m 이상 낮았을 때는 동식물이 지금은 남해 바닷속에 있는 육지를 통해서 추위를 피해 제주도로 이동했을 것으로 본다. 북극권과 공통종인 여러 종류의 극지 고산식물이 한라산 정상에 자라는 사실은 빙하기 때 제주도와 한반도 사이를 육지로 연결해 주었던 연륙교(land bridge)가 있었다는 것을 나타내는 결정적인 증거이다. 특히 제주도 한라산 정상의 고산대에 자라는 돌매화나무, 시로미, 월귤 등은 지구상에서 가장 남쪽에 자라는 분포상 남방한계선으로 이들이 빙하기 때 제주도 일대까지 이동했다는 증거다(공우석, 1998). 한반도와 제주도에 공통으로 사는 민물고기, 양서파충류 등도 빙하기 동안 연륙교가 있었음을 나타내는 또 다른 지표들이다.

겉보기에는 키 작고 보잘것없어 보이는 극지 고산식물은 한반도의 자연사를 설명해주는 결정적인 증거이자 빙하기부터 터를 잡고 살아온 지질사적인 흔적이자 산물이다. 한반도 백두대간과 한라산에 많은 극지 고산식물이 흩어져 자란다는 사실은 그만큼 한반도 등 동아시아 지역이 과거 빙하기 때 혹독한 기후변화의 영향을 많이 받았다는 사실을 의미한다. 동시에 한반도의 높고 낮은 산지와 섬들이 빙하기의 열악한 환경을 피해 동식물들이 살아남을 수 있는 피난처로 제공된 터전이었음을 말해준다.

기후변화와 위기의 생태계

IPCC에 의해 기후변화에 대한 과학적 분석, 영향과 적응 그리고 감축에 대한 보고서들이 다섯 차례에 걸쳐 발표되었다. 우리나라에서는 환경부와 기상청이 우리나라의 기후변화에 따라 어떤 일들이 일어나는지를 국내 자료를 바탕으로 분석한 〈한국기후변화평가보고서〉를 2010년, 2014년 두 차례 발간한 적이 있다.

보고서에 대한 국민의 관심은 기후변화가 사람들에게 미치는 영향과 피해에 집중되었다. 특히 보건, 농림수산업, 수자원, 자연재해 등에 대해서는 언론과 시민들의 관심이 많았다. 그러나 우리에게 직접적인 영향을 미치지 않는 자연생태계가 겪게 될 피해에 대해서는 국민의 관심이 적었다. 기후변화가 보건, 농림수산업 등 사람들이 관심을 많이 두는 분야에서 기후변화에 따른 부작용과 피해는 시간, 노력, 재원을 투자하면 원래의 모습을 되찾을 수 있다. 그러나 기후변화에 따라 자연생태계가 교란되거나 멸종하게 되면 아무리 노력해도 복구할 수 없다는 것을 기억해야 한다.

우리보다 훨씬 앞선 사회시스템을 갖춘 선진국인 스웨덴의 스톡홀름대학 두뇌집단인 스톡홀름 충격 복원력 센터(Stockholm Resilience Centre)가 생물종다양성 소실 문제를 21세기에 인류가 당면한 가장 중요한 현안으로 간주했다는 것은, 선진국들은 생물이 멸종하면 복원할 수 없다는 사실을 알고 생물 종의 가치를 훨씬 높게 평가했기 때문이었다(https://www.stockholmresilience.org). 그러나 우리나라에서는, 호랑이가 남획으로 멸종한 이후 야생에서는 더는 볼 수 없는 것과 마찬가지로, 기후변화에 따라 생물이 멸종하면 복원은 불가능하다는 사실을 아직도 깨우치지 못하고 있는 것 같아 안타까울 따름이다.

지구온난화가 계속되면 극지, 고산, 아고산, 사막, 습지, 해안, 섬 등 거칠고 고립된 환경에 적응하여 진화한 생태계가 큰 피해를 받게 된다. 특히 우리나라에서는 고산, 아고산 지역에 서식하는 종, 분포범위가 좁거나 한계선에 자라는 종, 섬에서 사는 종, 기후변화에 민감한 종, 이동속도가 느린 종 등이 기후변화에 큰 피해를 받게 된다(공우석, 2005).

지구온난화에 따른 자연생태계의 이상 현상은 우려할 수준이다. 우리 기상청에서는 100여 년 이상기후를 관측하는 동시에 식물의 꽃 피는 시기, 곤충과 철새가 찾아오고 떠나는 시기, 단풍이 드는 시기 등 생물계절 관측도 하고 있다. 이에 따르면 개화나 단풍 시기 등을 관측한 결과 지난 100여 년 동안 기온이 오르면서 봄철 식물의 개화 시기가 한 달 정도 앞당겨진 것으로 알려졌다. 그만큼 온난화에 따른 생태계의 반응이 분명하게 나타나고 있다.

국립산림과학원에서는 기온이 2°C 정도 오르면 동백나무의 서식지가 중부지방까지 확대될 것으로 예측하였다. 기후대도 점차 변화되어 2020~2060년대가 되면 한반도 북부의 한대지역이 사라지리라 전망하였다. 이때 기후변화의 속도를 생물의 이동속도가 따르지 못하면 생물들은 현재 사는 서식지인 현지 내(in situ)에서 멸종을 피할 수 없다.

기후변화와 북한의 생태계

지난 100년 동안 전 세계적으로는 0.7~1°C 정도 기온이 올랐다. 그러나 우리나라는 1.5°C 정도의 기온이 상승했다. 지구온난화 추세는 갈수록 빠르게 진행되고 있고, 지난 20여 년 동안 기온의 상승 추세는 두드러졌다. 특히 중국과 압록강을 경계로 마주 보고 있는 산골 지역인 중강진에서는 지난 100년 동안 3.1°C 기온이 상승했다. 그런데 중강진은 도시화된 지역도 아니고, 인구가 밀집되어 있다거나 산업화가 진행된 지역도 아닌데 왜 기온이 급상승했는지 의문점이다. 현재로서는 산림 벌채에 따른 미기후변화가 기온 상승을 부추긴 가장 중요한 요인으로 보인다.

북한에서 관측된 가파른 온난화와 산림 황폐화의 피해가 큰 북한에 심각한 부담이 되고 있다. 최근 북한 당국자들은 국제회의에서 산림면적이 감소한 추세를 공개하였다. 북한의 산림면적이 감소하면서 숲이 없는 산지인 무립목지가 1948년에 비해 1979년에는 66.5% 줄었다. 그러나 2010년에는 1979년에 비하여 숲이 없는 면적이 429.8% 늘어 1990년대 중반에 절정에 달했던 고난의 행군 기간 다락밭 건설, 땔감 조달을 위해 산림의 황폐화가 심각하였음을 나타냈다.

북한의 산림 황폐화는 토지의 악화뿐만 아니라 에너지와 물의 순환에도 영향을 미쳐 기온의 온난화를 부추긴 것으로 보인다. 북한의 산림 황폐화가 아니고는 화석연료 사용, 도시 확장, 산업 발전 등만으로 중강진과 같은 산간 지역의 가파른 기온 상승을 설명하기는 어렵다.

지구온난화의 최대 피해자

지구온난화의 최대 피해자가 북극곰이 될 수 있다는 것은 언론을 통해 널리 알려졌다. 우리나라에서도 지구온난화에 따른 생태계 교란과 파괴의 어두운 그림자가 드리워지고 있다.

지난 최후 빙기 동안 북극권에서 피난처를 찾아 한반도로 찾아든 극지 고산식물과 고산식물은 오늘날 높은 산 정상 가까운 고산대와 아고산대에 고립 격리되어 분포하고 있다. 지난 세기 동안 지구 전체적으로 1°C 내외로 기온이 상승하면서 저온에 적응하여 진화해 온 극지 고산식물과 고산식물 같은 한대성 식물들은 생리적으로 스트레스를 받아 경쟁력이 떨어지고 있다. 지구온난화에 따라 한대성 식물들은 온대성 식물에 서식지를 내주고 보다 차가운 기온이 유지되는 고산이나 북쪽으로 이주를 해야 하는 상황이다.

지구온난화 추세에 식물들이 생리 생태적으로 적응하지 못하면서 스스로 사라지거나 경쟁식물에 밀려 도태되는 일이 나타나고 있다. 예를 들어 어떤 산에서 낮은 곳에서 산꼭대기로 가면서 고도가 올라가면서 난온대성 식물인 C,

온대성 식물인 B, 한대성 식물인 A 순서로 수직적인 식물의 분포가 나타난다고 가정하자. 기온이 상승하면 C-B-A 순으로 발달하던 식물 분포대는 보다 높은 기온에서 더욱 잘 자라는 아열대성 식물인 D가 C의 자리를 차지하면서 차례로 밀려 D-C-B로 수직적 식물 분포대가 나타나게 된다. 남쪽에서 올라온 D가 C 자리를 빼앗고, C는 B 자리를 차지하고, B는 A 자리로 침입하게 된다. 이것은 생물의 이동속도가 기후변화 속도하고 같은 빠르기로 나타날 수 있는 시나리오이다.

이런 일이 실제로 발생하면 문제는 한대성 식물 A가 옮겨갈 만한 높이의 산이 없을 때 A는 현지 내에서 사라질 운명을 맞게 된다. 이처럼 한반도 식물의 수평적 및 수직적 분포 특성을 분석하고 식물 종별 생리 생태적 특성을 고려하여 기온이 지금보다 많이 오르면 식물 종에는 어떤 변화가 나타나고, 어떤 식물 종이 가장 취약한지를 등급으로 나누어 분석한 적이 있다(공우석 등 2014, 2017). 이에 따르면 한반도에서 온난화가 지속하면 백두대간과 한라산 정상 일대에 고립되어 분포하는 극지 고산식물과 고산식물이 가장 큰 위기를 맞을 것으로 보여 대책이 필요하다.

지구온난화와 위기의 한라산 생태계

현재 북한의 고산대를 중심으로 분포하는 대표적인 상록활엽성 관목으로 극지 고산식물인 월귤(*Vaccinium vitis-idaea*)이 있다. 이 식물은 키 작은 관목으로 열매는 날 것으로 먹고 잼으로 저장하여 먹기도 한다. 월귤은 러시아, 북유럽 등 북극권을 중심으로 분포하는데, 지구상 분포의 남방한계선 가운데 하나가 한반도이다. 우리나라에서는 주로 북한에 자라지만, 남한에서는 설악산과 강원도 홍천 두 곳에만 서식한다.

그림 1 강원도 홍천의 월귤

현재보다 기온이 0.3℃, 0.6℃, 0.9℃, 1.2℃씩 기온이 오르면 대표적인 극지 고산식물인 월귤의 서식지에는 어떠한 변화가 나타날지를 예측해보았다. 분석 결과 현재보다 기온이 1.2℃가 올라가게 되면 월귤의 현재 서식지 가운데 40%는 더는 월귤이 살 수 없게 된다. 기온이 1.2℃ 상승하면 나머지 50%는 분포가 줄어들 것이고, 운이 좋으면 20% 정도는 이동해서 살아남을 수 있을 것으로 보았다. 지구온난화에 따른 월귤의 취약성이 높은 장소는 북한에 있는 산지 3곳(칠보산, 사수산, 차유산)과 설악산을 꼽을 수 있다.

한반도 남부 아고산대인 한라산, 지리산, 덕유산 등에는 지구상에서 우리나라에만 자라는 특산종인 상록 침엽성 교목인 구상나무(*Abies koreana*)가 있다. 구상나무는 소나무과(Pinaceae) 전나무속(*Abies*)에 속하는 한반도에만 자생하는 나무이지만, 20세기 초에 외국인들에 의해 해외로 반출되어 원예종으로 육종되어 크리스마스트리로 가장 널리 판매되고 있는 수종이다. 구상나무가 자생종으로 자원적인 가치가 높다는 사실이 일반에 알려진 것도 그리 오래되지 않은 일이다. 아쉬운 점은 우리가 주변에 있는 구상나무의 유전자원의 가치를 모르고 소홀히 대한 탓에 크리스마스트리로 많이 팔리는데도 로열티도 받지 못하는 대가를 톡톡히 치르고 있다.

요즘 들어 한라산과 지리산에 자라고 있는 구상나무가 대규모로 말라 죽어가는 모습이 언론에 공개되면서 사회적으로 관심이 커졌다. 구상나무가 말라 죽어가는 고사 쇠퇴 현상이 과학적인 조사 분석을 통해 발표된 것은 오래전이다(구경아 등, 2001). 한라산에서 구상나무 나이테를 추출하여 분석한 결과 1970년대 후반부터 구상나무의 성장이 갑자기 더뎌지는 경향을 보였다. 구상나무는 우리나라의 겨울이 과거보다 짧아지고, 적설량이 줄어들고, 겨울 온도가 높아지면서 이른 봄철에 토양 속 수분이 부족하여 생리적으로 수분 스트레스를 받아 고사하는 것으로 보인다. 결국, 지구온난화를 비롯한 기후변화가 구상나무의 생존을 위협하는 중요한 요인의 하나로 볼 수 있다.

전나무속 나무들이 죽어가는 현상은 비단 우리나라만의 문제는 아니어서, 일본, 미국, 유럽에서도 전나무류들이 대집단으로 말라 죽어가고 있다. 그 원인에 대하여 해충, 산성비, 토양 등 여러 원인이 제시되었지만, 기후변화를 가장 유력한 요인으로 보고 있다.

구상나무가 쇠퇴하는 데 비해 한라산에서는 제주조릿대(*Sasa palmata*)라고 하는 작은 대나무가 왕성한 기세로 퍼져 나가고 있다. 1980년대 중반까지만 하더라도 해발고도 600~1,400m 사이에 제주조릿대가 주로 자랐는데, 최근에는 낮게는 해발고도 400m 전후부터 1,800m 이상 정상까지 무서운 속도로 확산하고 있다.

난온대성 제주조릿대가 확산하고 한대성 구상나무가 쇠퇴하는 것보다 우려

그림 2 제주도 한라산 정상의 돌매화나무

되는 상황은 빙하기 때 한반도를 거쳐 제주도에 피난처를 마련한 극지 고산식물이 지구온난화에 따라 서식지에서 사라질 위기에 있다는 것이다. 지구상 가장 남쪽에 분포하는 한라산의 돌매화나무, 시로미, 들쭉나무 등 키 작은 나무들이 대표적으로 위기에 처한 식물들이다.

세상에서 가장 키가 작은 나무의 하나인 돌매화나무[그림 2]는 한그루씩 독립적으로 자라지 않고 수십여 그루가 집단으로 서식하는 꼬마나무이다. 돌매화나무(*Diapensia lapponica* var. *obovata*)는 바위에 피는 매화라고 하여 암매(岩梅)라고도 부르며 북극권에 주로 자라는데, 시베리아, 히말라야 두 군데 정도에 고립되어 분포한다. 한라산 정상 일대 아주 좁은 지역에 위태롭게 자생하는 돌매화나무는 지구상 가장 남쪽인 한라산 가장 높은 산꼭대기의 좁은 공간에 살고 있기에 현재와 같은 속도로 온도가 상승하게 되면 결국 서식지에서 말라 죽거나 도태되어 사라지게 되는 지구온난화의 최대의 피해자가 될 수 있다.

고기와 환경

기후변화는 자연생태계뿐만 아니라 우리의 일상생활에도 적지 않은 영향을 미치고 있다. 육상과 해양을 막론하고 자연생태계 내에서는 기후변화의 분명한 증거들이 나타나고 있다. 왜 가파르게 기온이 상승하고, 폭염, 한파, 태풍, 가뭄 등 이상기상이 자주 나타나는지 궁금하겠지만, 대답은 우리에게 있다. 사람들이 살아가는데 필수적인 의식주 모두가 해당하겠지만, 우선 우리가 먹는 식품과도 관련이 있다. 자연적으로 이동하여 확산하는 건 아니지만 농어업에도 지구온난화에 대응한 변화가 이어지고 있다.

높아지는 기온에 농민들이 발 빠르게 대응하면서 작물의 북한계선이 계속 북상하고 있다. 온난화에 따라 예전에는 대구 일대가 주산지였던 사과가 휴전선에 가까운 경기도 연천과 강원도 양구에서도 재배되고 있다. 충청도와 전라도에서도 비닐하우스 속이기는 하지만 바나나를 재배할 수 있게 되었고, 차나무는 제주 서귀포, 전남 보성, 경남 하동뿐만 아니라 강원도 고성에서도 재배하고 있다. 제주도, 강원도 강릉, 경기도 남양주에서도 비닐하우스 내에서는 열대와 아열대에서 기르는 커피를 재배하고 있다.

우리가 섭취하는 식품 재료 가운데 양고기, 소고기, 돼지고기 등 육류는 목초나 사료를 먹여 기르는 가축이다. 가축을 사육하기 위한 사료 작물을 재배하기 위해 숲을 밀어내고 목초지나 경작지를 만들면서 나무가 흡수하던 이산화탄소의 양이 늘어나면서 온실효과에 따라 지구온난화가 두드러지고 있다. 가축들이 사료를 먹고 트림이나 배설물을 통해 발생하는 메탄도 지구온난화를 일으키는 대표적인 온실기체이다.

통계청 발표에 따르면 우리나라에서 사육되는 돼지는 1,000여만 마리가 넘어 대한민국 인구의 약 5분의 1에 이르고, 소는 한우, 육우, 젖소를 합쳐 320여만 마리, 닭은 1억 7,000여만 마리, 오리는 650여만 마리가 사육되고 있다. 그러나 우리나라는 국내산 육류로도 모자라 해외로부터 고기류를 많이 수입한다. 특히 전 세계 시장에서 건강에 해로운 지방이 많아 선진국들은 소비를 꺼리는 저급육인 돼지 삼겹살을 웃돈을 주고 사들이고 있다.

우리는 이산화탄소의 흡수량을 줄이고 메탄의 발생량은 늘려가면서 지구온난화를 부추기도 있는 셈이다. 곡물을 사료로 가축에게 먹이는 것보다 사람들이 곡물을 직접 섭취하면 훨씬 많은 사람이 먹고살 수 있다는 것은 분명하다. 그런 이유로 저명한 학자들이나 국제기구들이 육식을 줄이고 채식을 늘려야 한다고 주장하는 것이다.

고기보다 곡물이나 채소 그리고 과일을 섭취하는 것이 건강에도 좋다는 것은 상식이다. 〈타임〉 지가 사람이 암에 걸리지 않고 장수하는 데 도움이 되는 식재료 10가지를 발표한 적이 있다. 건강과 장수를 돕는 식재료에는 토마토, 시금치, 적포도주, 견과류, 브로콜리, 귀리, 마늘, 녹차, 머루 등이 포함되었다. 연어를 제외하고는 모두 식물성 재료로써 우리가 식품을 선택할 때 기후변화를 방지할 수 있다는 것 외에도 건강을 위해서라도 현명한 소비자가 되어야 한다. 우리가 육류를 과다하게 많이 섭취하고 성인병을 일으키는 쪽으로 식생활을 할지 소박하게 식물성 식재료를 위주로 먹으면서 지구환경도 지키면서 오래 살 건지 하는 선택만이 남아있다.

생선 소비와 환경

요즘 가축을 사육하여 생산한 고기류가 환경적으로 부담이 되고 식재료로서도 안전하지 못하다는 평가가 많아지면서 대안으로 떠올라 소비가 급증하고 있는 것이 생선이고, 그 가운데 새우의 소비가 폭발적으로 증가하고 있다.

우리나라 주변 바다의 상황이 심상치 않아서 동해에서 많이 잡히던 명태와 같은 차가운 물에 서식하는 한류성 물고기들은 덜 잡히는 데 반해, 오징어, 멸치와 같은 난류성 어종들은 이전보다 북쪽에 있는 바다에서도 잡히고 있다. 최근 들어서는 부산 앞바다 등 남해안에 산호가 서식하고 제주도 근해에서도 참다랑어(참치) 등 아열대성 어종들이 분포하는 범위를 넓혀가고 있다.

상업적인 바다 새우 양식은 1970년대부터 본격화되었는데, 양식 새우의 70%는 아시아 가운데 중국과 인도네시아에서 양식한다. 양식 새우의 최대 수출국은 인도네시아이며, 남아메리카의 브라질, 에콰도르와 북아메리카의 멕시코 등도 양식을 많이 한다. 양식 새우는 보리새웃과에 속하는데, 흰다리새우와 블랙타이거새우 두 종이 전체 양식 새우의 80%에 이른다. 좁은 양식장에서 새우를 사육하면서 질병에 걸려 몰살하는 피해가 나타나고 식품으로서 안전성에도 문제가 있다는 주장도 있다.

새우 양식은 자연생태계에 예기치 않은 부작용을 가져왔다. 열대와 아열대 지역에서 전통적인 소규모의 양식에서 국제적인 사업으로 발달하여 넓은 면적의 새우양식장이 조성되면서 해안 침식을 막아주고 연안 생태계를 풍부하게 유지해주던 많은 맹그로브숲 (홍수림)이 대규모로 벌채되었다. 연안에서 높은 파도를 막아주면서 자연적인 방파제 역할을 하던 맹그로브숲이 사라진 뒤 인도네시아 등 동남아시아에서는 지진성 해일인 쓰나미가 발생할 때마다 막대한 인명과 재산 피해가 발생하고 있다. 맹그로브숲이 연안에서 배출된 이산화탄소와 같은 온실기체를 흡수하는 역할을 통해 기후변화를 막아주었다. 그러나 새우양식장과 지역개발로 맹그로브가 사라지면서 지구온난화는 가파르게 진행되고 생물 다양성은 빠르게 감소하고 있다.

미국 캘리포니아의 태평양 연안에 있는 몬터레이 수족관(Monterey Bay Aquarium)에 방문할 때 '생선을 먹지 마세요.'라는 캠페인을 참관한 적이 있다. '가축 육류 대신 생선을 먹는 사람들이 늘어나면서 바다의 어족자원이 고갈되고, 심하면 바다 생물들이 멸종할 수 있다.'라는 사실을 호소하고 있었다. 이에 더해 요즘에는 바다 생선조차도 체내에 무수히 많은 미세 플라스틱이 있어 식품으로서 안전성에 문제가 있다는 보고도 많아지고 있다. 생태계의 조화와 균형은 고사하고 건강한 신체와 활동을 위해 섭취하는 고기와 생선이 안전한 식재료인지 불안을 떨칠 수 없다. 그러나 환경문제에 관해 알고 말하는 만큼 실천하는 언행일치와 내가 먼저 나서는 솔선수범이 쉽지 않다. 이전보다는 많이 나아졌지만 고기를 먹지 않고 사는 사회생활이 쉽지는 않다는 것을 실감하고 있다.

커피와 환경

기후변화와 관련하여 식사 뒤에 마시는 커피에 관한 이야기도 하지 않을 수 없다. 요즘 국민 음료라고 하는 커피에 이런저런 토를 다는 것이 누구에게도 환영받지 못한다는 것을 익히 알고 있지만, 커피에 대한 바른 사실을 아는 것은 의미 있는 일이다.

커피나무가 재배되어 커피콩(원두)이 생산되는 지역은 적도를 중심으로 한 열대나 아열대 지역으로 열대 우림이나 아열대 계절림(몬순림)이 주로 분포하여 지구의 기후시스템을 유지해주는 지역이다. 동시에 커피를 재배하기 이전에는 전 세계적으로 생물 다양성이 가장 높아 유전자와 생물 종의 보고라고 알려진 곳이기도 하다. 특히 최근 소비가 급증한 아라비카 커피(*Coffea arabica*)는 과거에 인스턴트 커피나 빵, 과자에 많이 사용한 로부스타 커피(*Coffea robusta*)에 비해 높은 산악지대에서 재배되는 품종이다. 상대적으로 넓지 않은 열대와 아열대 지역 산악지역으로 커피 재배지를 넓혀가면서 지구의 허파이며 생물 다양성의 보고인 열대 숲들이 빠르게 사라지고 생물들도 사라지고 있다.

커피 외에도 열대 우림을 베어내고 가축을 기르기 위한 사료 작물인 콩, 옥수수 등을 생산하거나, 야자유, 고무나무, 열대과일 등 플랜테이션 단일경작(mono-culture)이 성행하고 있다. 열대 우림이 단일경작지로 바뀌고 황폐해지면서 지구시스템을 유지하는 에너지, 수분, 물질의 순환에 교란이 발생하여 기후변화뿐만 아니라 생태계가 피폐해지고 있다. 우리가 마시는 커피 한 잔을 생산하기 위해서도 적도 주변의 숲이 파괴되고 생명이 희생되는 악순환이 이어지고 있다.

아프리카, 남아메리카, 동남아시아 등 멀리 떨어진 적도 부근에서 생산된 커피 원두는 우리나라까지 운송하고, 가공하고, 추출하여 공급되는 과정에 소모되는 에너지가 많아, 푸드 마일리지가 가장 높은 음료 가운데 하나이다. 이런 사실을 알게 된 뒤부터 나는 20여 년 동안 커피를 마시지 않으면서 이런 사실을 알리는 활동도 하고 있다. 그러나 커피에 관한 사실을 듣고서 반기는 사람이 많지 않은 것이 현실이다.

열대 우림 이야기를 하면서 대표적인 기호 음료인 커피를 아예 마시지 말라고 강요할 수는 없고 현실적이지도 않다. 우리가 선택할 수 있는 대안으로 커피 판매점에서 현지 농민들이 생산한 안전한 커피를 적정한 가격에 구입하여 소비자들에게 공급하는 공정무역(fair trade) 커피를 찾아볼 수 있을 것이다. 대규모 열대 우림을 벌목하고 플랜테이션 단일경작으로 대량생산하는 커피보다는 열대 우림 사이에서 소규모로 지역 농민들이 커피나무를 심어 원두를 생산하는 열대 우림 친화적 재배(tropical rainforest friendly)를 한 커피를 마실 것을 권한다. 아울러 농약이나 화학비료를 사용하지 않는 유기농(organic) 커피, 숲에 사는 새들이 커피 열매를 먹고 배설하여 커피나무가 퍼져 나가는 친조류(bird friendly) 등의 표기가 있는 상품을 확인하고 소비하는 지혜가 요구된다. 소비자가 현명한 선택을 하면 생산자는 소비자의 기호에 맞추어 바뀔 수밖에 없고, 결국 열대 숲을 살리는 데 동참할 수 있다.

우리나라에서 섭취하는 고기와 생선 그리고 마시는 커피 한잔이 지구촌 먼 곳의 생산지에서 오는 것이라도 서로 연결(tele-connection)되어 있다는 사실을 기억하는 것이 필요하다. 보통 사람들이 기후변화에 관심 두는 가장 큰 이유 중 하나는 '내가 피해자'라고 생각하기 때문인데, 피해자이기 전에 원인 제공자, 가해자라는 마음으로 관심을 가지고 보는 발상의 전환이 요구되는 시점이다.

맺는말

46억 년 정도 기나긴 시간을 거쳐 이루어진 지구시스템은 암석권, 기권, 수권, 생물권 그리고 인간이 어우러져 서로 영향을 주고받으며 만들어진 지구 역사의 산물이다. 지구시스템이 조화와 균형을 유지하면 건강하고 다양한 생태계가 유지될 수 있다. 그러나 시스템을 구성하는 에너지나 물질이 넘치거나 모자라는 과부족이 발생하면, 자연생태계와 기후시스템 교란과 혼란이 나타나 기후변화가 발생하게 된다.

기후변화가 발생하면 혜택을 보는 대상도 있지만, 피해를 보는 대상이 나타나게 된다. 기후변화의 잠재적인 피해자 가운데 야생의 동식물처럼 새로운 기후에 적응하지 못하고 생리적 스트레스를 받아 생장이 더뎌지거나 생태적으로 경쟁에 밀려 사라지는 동식물을 잊지 말아야 한다. 특히 지구온난화의 최대 피해자의 하나인 극지 고산식물과 고산식물 같은 생태계 내 약자이며 취약한 생물들을 보살펴 후대에 물려주어야 한다.

오늘도 우리 주변에서는 기후변화와 같이 눈으로 볼 수 없는 현상들로 인해 생물 다양성이 줄고 멸종에까지 이르는 일이 발생하고 있다. 기후변화 때문에 사라지거나 고통을 받는 취약한 생태계에 관한 관심과 배려가 있어야 지구시스템의 조화와 균형 속에서 우리의 자신의 안전한 미래도 기약할 수 있을 것이다.

참고문헌

공우석, 1998, 〈한라산 고산식물의 분포 특성〉, 대한지리학회지, 33(2), pp. 1~18.

공우석, 2002, 〈한반도 고산식물의 구성과 분포〉, 대한지리학회지, 37(4), pp. 357~370.

공우석, 2005, 〈지구온난화에 취약한 지표 식물 선정〉, 한국기상학회지, 41(2-1), pp. 263~273.

공우석, 2007, 『생물지리학으로 보는 우리 식물의 지리와 생태』, 지오북.

공우석, 임종환, 2008, 〈극지 고산식물 월귤의 격리분포와 기온요인〉, 대한지리학회지, 43(4), pp. 495~510.

공우석, 이슬기, 윤광희, 박희나, 2011, 〈풍혈의 환경 특성과 식물 지리적 가치〉, 환경영향평가, 20(3), pp. 381~395.

공우석, 윤광희, 김인태, 이유미, 오승환, 2012, 〈풍혈의 공간적 분포 특징과 관리 방안〉, 환경영향평가, 21(3), pp. 431~443.

공우석, 2012, 『키워드로 보는 기후변화와 생태계』, 지오북.

공우석, 김건옥, 이슬기, 박희나, 조수현, 2014, 〈한반도 주요 산정의 식물 종 분포와 기후변화 취약종〉, 환경영향평가, 23(2), pp. 119~136.

공우석, 김건옥, 이슬기, 박희나, 김현희, 김다빈, 2017, 〈설악산, 지리산, 한라산 산정부의 식생과 경관 특성〉, Journal of Climate Change Research, 8(4), pp. 401~414.

공우석, 이유미, 이철호, 김인식, 권혜진, 조용찬, 김동갑, 정재민, 양영호, 신재권, 박선욱, 김다빈. 2017, 〈키 작은 강인한 유존 식물들이 들려주는 이야기〉, 국립수목원.

공우석, 2018, 『왜 기후변화가 문제일까?』 도서출판 반니.

구경아, 박원규, 공우석, 2001, 〈한라산 구상나무의 연륜 연대학적 연구 -기후변화에 따른 생장변동 분석-〉, 한국생태학회지, 24(5), pp. 281~288.

Barthlott, W. et al. 2007. "Geographic patterns of vascular plant diversity at continental to global scales." *Erdkunde*, 61, pp. 305~315.

Gavin, D.G. et al. 2014, "Climate Refugia: Joint Inference from Fossil Records, Species Distribution Models and Phylogeography," New Phytologist, 204, pp. 37~54.

Kong, W.S., Lee, Y.M., Lee, C.H., Kim, I.S., Kwon, H.J., Cho, Y.C., Kim, D.G., Kim, D.B., 2016, Resilient Dwarf Relict Plants Tell Stories II, Korea National Arboretum.

https://www.stockholmresilience.org

제6장

기후변화와 국제협력

오형나 경희대학교 국제학과 교수

기후변화의 위협

지구온난화와 그에 따른 지구 생존의 위기는 이제 부정할 수 없는 현실로 인식되고 있다. 2007년 발간된 〈IPCC 4차 보고서〉에 따르면 지난 100년간 지구의 평균온도는 0.74℃ 상승했으며, 우리나라의 연평균 기온도 지난 30년간 1.2℃ 상승했다. 여름이 좀 더 더워지고 겨울이 전반적으로 따뜻해지는 수준을 넘어 폭염과 혹한 등 극한 기후가 발생하는 일수가 급증하고 있으며, 건기가 길어지고 바람의 세기가 커지면서 산불의 빈도와 규모가 커지고 있다. 아울러 홍수와 태풍으로 또는 해수면 상승으로 삶의 터전을 잃는 기후난민의 숫자도 매년 증가하는 추세에 있다. [그림 1]은 IPCC가 인류의 저감 노력 수준에 따라 세기말까지 발생할 것으로 예상하는 홍수에 의한 기후난민의 숫자를 표시한 것으로, 우리가 아무런 저감 노력을 하지 않는다면 현재의 5~6배에 달하는 사람들이 홍수피해에 시달릴 것이라는 경고하고 있다. 이대로 지구의 온

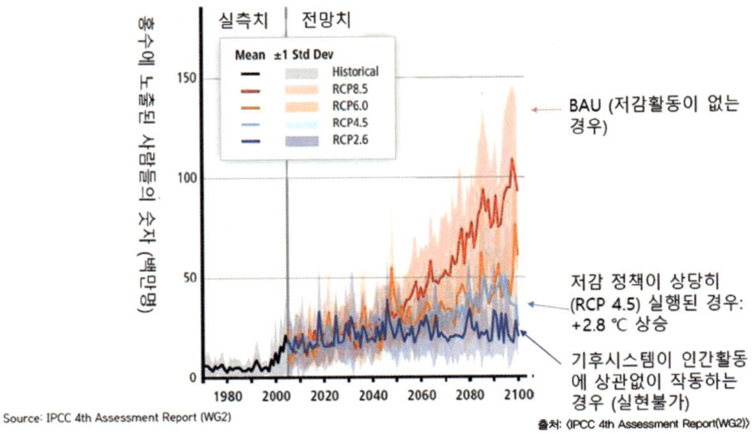

그림 1 온난화의 피해: 홍수에 의한 기후난민의 수(IPCC 시나리오별 예측값)

도 상승을 내버려 두면, 경제활동 자체가 어려워질 뿐만 아니라 지금보다 훨씬 심각한 자연재해와 물 부족, 말라리아와 같은 기후 관련 질환의 빈발, 식량부족에 따른 영양부족 등 인류 생존을 위협하는 일이 벌어지게 될 것이라는 전망이 지배적이다.

그렇다면 기후변화에 대해 인류 공동체는 적절하게 대처하고 있는 것일까? 〈IPCC 보고서〉는 기후변화는 현실이며, 인간의 배출행태가 온난화를 가속하고 있다는 과학계의 결론, 그리고 그 위협의 정도가 예상보다 빠르게 증폭되고 있음을 보여주는 증거를 주기적으로 업데이트하고 있다. 그런데도 기후변화가 인간 활동의 결과임을 부정하거나 기후변화 자체를 부정하는 사람들은 여전히 존재한다. 트럼프 미국 대통령이 대표적인 부정론자이다. 올해 3월 12일 트럼프 대통령은 트위터를 통해 그린피스의 창시자라고 주장하는 패트릭 무어(Patrick Moore)의 말을 인용해 '기후 위기는 가짜 뉴스일 뿐 아니라 가짜 과학'이라고 일갈했다.[1] 그가 기후변화를 부정한 것은 이번이 처음이 아니다. 대통령 후보 시절에도 뉴욕시의 혹한과 폭설을 이유로 온난화가 정말 일어나고 있는가 반문한 바 있다. 그런데 이러한 주장이 그가 대통령이 되는데 큰 장애 요인으로 작용하지 않았다. 이는 학계에 정설로 알려진 기후 인식론에 비춰볼 때 좀 이상한 일이다. 기후 인식론에 따르면 기후변화를 인지하고 있는 사람은 그렇지 않은 사람보다 저감 활동에 적극적이다.[2] 2007년 미국 휴스턴과 포틀랜드에서 실시된 설문조사에서 응답자의 92% 이상이 기후변화에 대해 알고 있으며, 86.4%는 온난화를 걱정하거나(38.1%) 매우 걱정한다(48.3%)고 응답한 바 있다.[3] 이들 두 지역의 시민이 미국의 일반적인 시민과 특별히 다르지 않다면, 미국 시민 대부분이 기후변화에 대해 알고 있고 걱정하고 있지만 이러한 인식과 우려가 정치적 의사결정에 큰 영향을 미치지 않았다는 것을 의미하기 때문이다.

기후변화에 대응한 국제협력

기후변화를 늦추거나 막는 것이 기술적으로 불가능할까? 적어도 2000년대 중반부터 학자들은 기후변화에 대한 해결책이 기술적으로 복잡하고 비싸긴 하지만 존재한다고 주장해왔다. 기후변화에 대한 대처를 어렵게 하는 것은 기술이 아니라 경제적, 정치적·사회경제적 장애물이다.[4] 저감을 통해 치명적인 기후변화를 피하는 데 따른 편익은 먼 미래에 발생할 뿐만 아니라 무임승차가 가능한 편익이지만, 저감을 위한 투자는 오늘, 그리고 저감 활동을 하는 개인과 국가의 비용과 희생으로 이루어지기 때문이다. '죄수의 딜레마'는 기후변화에 대한 국제사회의 대응이 왜 적절한 수준에서 이루어지지 않는가를 설명하는데 꽤 적절하다. 문제를 단순화하기 위해 국제사회에 두 개의 국가(국가 A와 국가 C)만이 존재하며, 기후변화라는 글로벌 위협에 대해 적극적으로 온실가스를 줄이는 '저탄소로의 전환'과 온실가스 저감에 매우 소극적인 '현상유지'라는 두 가지의 선택만이 존재한다고 가정해보자. '저탄소로의 전환' 전략을 선택하는 경우 당장은 추가적인 투자와 에너지비용 상승으로 비용($-x$)이 발생하지만, 그 정도가 국제사회가 온난화를 막아 내지 못함으로써 겪게 될 재앙에 가까운 손실(-X)보다는 작을 것이다. 즉, A의 입장에서는 다른 국가(C)가 저탄소로의 전환 전략을 선택하던, 현상유지 전략을 선택하던 최악의 상황을 막기 위해 저탄소로의 전환 전략을 선택할 필요가 있다.

그러나 온난화가 일어나고 있으나 그 정도가 아직 치명적이지 않은 가운데, 먼 미래에 별 관심이 없는 현재의 파워그룹 또는 기성세대가 온난화만큼 또는 그 이상으로 경제적 풍요를 원할 때 두 국가의 선택은 달라진다. [그림 2]의 하단에 표시된 단기 선택을 보면, 상대방(국가 C)이 '저탄소로의 전환' 전략을 선택하면, A는 '현상유지' 전략을 택하는 게 적어도 단기에는 유리하다. 상대방이 저감 노력을 하는 만큼, 온난화의 속도는 늦추어질 것이며 그동안 기존의 방법으로 생산하고 수출하며 경제 성장의 편익(10억)을 추구하는 것이 상대방 국가처럼 '저탄소로의 전환' 전략을 선택해 얻는 편익(-3억)보다 크기 때문이다. 이러한 상황은 상대방 국가 C도 마찬가지다. 결국, 두 국가는 협력 대신 '현상 유지'라는 비협력의 전략을 선택하게 되며 그 결과 기후변화에 대해 국제협력이 어려워진다는 것이다. 두 국가가 비협력전략(현상유지 전략)을 선택하는 것이 이 단기 게임의 내쉬균형(Nash equilibrium)인 것이다.

그런데 [그림 2]에서 볼 수 있듯 단기에조차 두 국가가 협력하여 기후변화에 대응함으로써 얻게 되는 보상(-3억, -3억)이 국가 간 경쟁으로 '현상유지'를 선택해 얻게 되는 보상(-4억, -4억)보다 크다. 정확하게는 협력에 의한 피해가 경쟁으로 인한 피해보다 적다고 해야할 것이다. 온난화가 진행되며 발생하는 사회적 손실이 상당하기 때문이다. 즉, 국가 간 경쟁을 자제하고 협력하는 데 성공할 경우 기후시스템이 유지되며 모든 국가가 경쟁하던 때보다 나은 상황, 다음 세대의 생존이 가능한 미래에 다다를 수 있다는 것이다. 여기에 기후변화에 대한

** 장기 **

		국가 C	
		저탄소로의 전환	현상유지
국가 A	저탄소로의 전환	$(-x, -x)$	(−X, −X)
	현상유지	(−X, −X)	(−X, −X)

** 단기 **

		국가 C	
		저탄소로의 전환	현상유지
국가 A	저탄소로의 전환	(−3억, −3억)	(−5억, 10억)
	현상유지	(10억, −5억)	(−4억, −4억)

주: 괄호 안의 숫자는 (국가 A에 대한 보상, 국가 C에 대한 보상)을 나타냄.
Clemons and Schimmelbusch(2007)에 제시된 게임을 저자가 수정.

그림 2 죄수의 딜레마를 통해 풀어본 두 국가 간 기후 관련 정책 게임

국제협력의 유인과 가능성이 존재한다. 본 장은 자국의 이익을 최우선으로 하는 개별 국가가 기후변화라는 글로벌 위기를 극복하기 위해 시도한 국제협력의 전개 과정을 살펴보고 국제협력의 진전을 위해 필요한 사안을 정리해 보고자 한다.

교토의정서 채택

1979년 WMO(세계기상기구, World Meteorological Organisation)는 제1차 세계기후회의를 개최하여 온실가스 농도의 상승이 지구의 평균기온을 어느 수준까지 상승시킬 것인가에 대해 논의했다. 이때까지 인간이 지구의 온난화에 책임이 있다는 가설은 이론적 가능성만으로 취급되었다. 가설을 뒷받침하는 충분한 증거가 없는 가운데 기후 결정요인과 관련된 불확실성의 정도가 매우 컸기 때문이다. 1980년대를 거치면서 기후변화가 세계적·국제정치적 주요 이슈로 부상하는 한편, 기후변화를 설명하는 분석모델이 지속적으로 개선되었다.

표 1 교토의정서 발효까지의 기후변화에 대한 국제협력

년도	이벤트	주요 결정사항	실행
1979 ~ 1980 년대	기후변화가 글로벌 아젠다로 부상	• WMO와 UNEP가 기후변화에 대한 탐색 시작	• 1988년 IPCC를 설립하고 기후변화 및 인간 활동과의 관련성에 대한 과학적 분석 본격화
1989 ~ 1992		• 정부 간 협상위원회(INC)를 통해 기후변화에 관한 국제협약 준비	• 세계적 감축 목표와 감축 부담의 분담원칙에 대한 논의 시작
1992	UNFCCC 채택: 최고 의사결정기구는 UNFCCC 당사국총회(COP)	• 글로벌 감축 목표 = 기후시스템을 위협하지 않는 수준에서 온실가스 농도 안정화 • 감축 부담원칙 = 공통의 그러나 차별화된 책임 (CBDR) 원칙에 따라 능력에 맞게 감축	• 모든 당사국은 국가 감축 전략을 수립·시행하고 이를 공개 • 온실가스통계와 정책이행에 관한 국가보고서를 작성하여 COP에 제출하도록 규정 • 협약 당사국을 Annex I, Annex II 및 Non-Annex I 국가로 구분하고 각기 다른 의무를 부담
			〈IPCC 2차 보고서〉: 인간 활동이 기후변화에 관여한다고 결론
1995 ~ 1997	COP 01에서 교토의정서(KP) 채택	• KP 이행 기간(2008~2012) 동안 선진국이 감축해야 할 배출량 논의 • 청정개발체계(CDM) 개발	KP에 의해 통제되는 배출량이 전 세계 배출량의 50% 이상이 되어야 발효

KP상 감축 의무가 없는 선발 개도국의 배출량이 급증하며 선진국의 배출량 추월

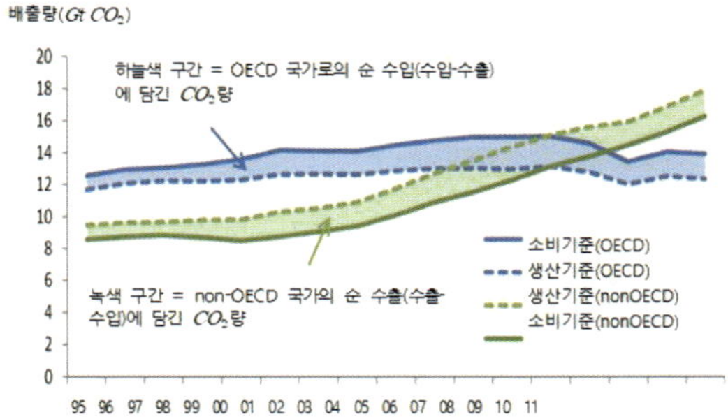

출처: OECD(2016) 5

1997 ~ 2004	KP 무효 위기	•개도국의 감축 의무가 면제된 KP의 실효성에 대한 문제 제기	•미국의 KP 지지 철회 (2001)
2005	러시아의 참여로 KP 발효	•KP가 종료되는 2012년 이후 기후협력체제에 대한 논의 시작	

1988년 WMO와 UNEP(유엔 환경계획, UN Environment Program)는 유엔 휘하에 IPCC를 설립하고 기후변화에 대한 과학적 지식을 수집하는 한편, 이듬해부터 기후변화에 관한 국제협약 체결을 목표로 본격적인 다자간 협상을 준비하기 시작했다([표 1] 참조). 1992년 드디어 정부 간 협상을 통해 기후변화에 관한 기본협약(INC)이 마련되었다. 협상의 핵심내용은 기후변화가 인류가 풀어야 할 공통의 문제라는 점에 동의하는 것과 각국이 처한 상황을 반영하면서 기후변화 완화를 위해 필요한 온실가스 감축 부담을 국가 간에 어떻게 분배할 것인가에 대한 합의였다. 후자는 이후 '공통의, 그러나 차별화된 책임(CBDR, Common But Differentiated Responsibilities)'원칙으로 명명되었다.

협상의 결과 1992년 브라질의 리우데자네이루에서 UNFCCC가 채택되었다([표 1] 참조). 당사국총회(COP: Conference of Parties)는 협약의 최고 의사결정기구로 주기적으로 기후변화의 진행 상황과 그에 따른 국제사회의 대응 방향을 정하는가 하면, 매년 COP 미팅을 열어 기후변화에 대응한 국제협력이 제대로 이루어지고 있는지를 논의하도록 했다. 이 협약은 '기후시스템에 위험한 인위적 간섭을 방지할 수 있는 수준'에서 대기 중 온실가스 농도의 안정화를 달성하는 것을 최종 목표로 설정하고 CBDR의 원칙 아래에 각자의 능력에 맞게 온실가스를 감축한다는 내용을 담았다. 그 결과 빈곤퇴치와 경제 성장이 시급한 개도국에는 감축 의무가 부여되지 않았으며, 대부분의 선진국이 포함된 Annex I 국가군에 감축 의무를 줬다. 당시까지만 하더라도 기후변화를 일으킨 온실가스 대부분이 선진국이 배출한 것이라는 비대칭적 책임론과 경제 호황이 계속되며 선진국의 재정 상황이 좋았던 점도 개도국에 감축 의무를 부여하지 않은 배경으로 작용했다.

1995년 IPCC는 〈2차 평가보고서〉를 통해 인간 활동이 전 지구적 기후변화에 영향을 미쳤다는 결론을 내렸다. 이 결론은 제1차 당사국총회(COP1)가 '특정 국가가, 특정 기간, 특정량의 온실가스를 감축한다'라는 내용을 명시한 프로토콜을 만드는 데 합의하게 되는 배경이 되었다. 그 결과가 1997년 12월 일본의 교토에서 채택된 교토의정서였다. 교토의정서의 핵심은 이행 기간(2008~2012) 동안 선진국이 달성해야 할 1990년 대비 온실가스 감축 목표였다. Annex 1에 포함된 국가들은 설정된 연간 배출허용량 이내에서 온실가스를 배출할 수 있으며, 이를 초과할 경우 배출허용량보다 작게 배출한 국가로부터 감축분을 구입하여 감축 의무를 맞출 수 있도록 했다. 또, 감축의무가 없는 개도국에서 Annex 1 국가의 정부나 기업이 감축 활동을 한 후 이를 감축 크레딧으로 보상받은 후 자국의 감축 목표 이행에 활용할 수 있도록 하는 '청정개발 메커니즘(CDM, Clean Development Mechanism)'을 만들어냈다. 차별화된 책임론과 청정개발 메커니즘을 주요 내용으로 하는 교토의정서가 발효되기 위해서는 의정서에 서명한 국가들이 배출하는 온실가스양이 전 세계 배출량의 절반이 넘어야 했다.

교토의정서의 위기와 파리협정의 탄생

1997년 교토에서 열린 COP3에서 채택된 교토의정서는 국제사회가 법적 강제성을 갖는 국가별 감축 목표에 동의한 첫 번째 사례다. 문제는 교토토의정서가 정한 방식, 즉 선진국의 온실가스 감축만으로 기후변화에 대처할 수 없다는 것이다. [표 1]에는 대부분이 Annex I 국가에 해당하는 OECD 회원국과 감축 의무가 없는 non-OECD국가가 배출하는 온실가스양이 표시된 그림이 포함되어 있다. 그림에서 파란색 점선으로 표시된 것은 OECD국가가 배출하는 온실가스양으로 교토의정서 채택 이후 배출량이 안정화되거나 감소한 것을 알 수 있다. 반면, 녹색 점선으로 표시된 non-OECD국가의 온실가스 배출량은 교토의정서가 채택된 이후 급증하기 시작해 의정서가 발효되기 이전 시점인 2004~2005년경 이미 OECD의 배출 수준을 넘어선 것을 확인할 수 있다. 에너지 부문을 기준으로, 전 세계 이산화탄소 배출에서 개도국이 차지하는 비중은 1990년 45% 정도였으나 오늘날에는 60%를 넘어섰으며 2030년에는 전 세계 배출량의 2/3가 개도국에서 배출될 것으로 예상한다. 개도국의 대표 격인 중국의 배출량은 1992년 미국의 약 3분의 1 수준이었으나 지금은 약 2배 규모다.

이러한 역전 현상을 가속한 것은 Annex 1 국가에 감축 의무를 주며 온실가스 배출이 필수적인 상품을 생산하던 기업이 생산비용을 낮추기 위해 감축 의무도 없고 인건비도 낮은 개도국으로 이전하는 탄소누출(carbon leakage) 현상이었다. 탄소누출의 결과, 개도국의 생산기반 온실가스 배출량이 소비기반 온실가스 배출량을 넘어섰으며,[6] 역내 소비량을 넘어 개도국이 생산한 초과 탄소 관련(carbon-embodied) 상품은 관련 상품에 대한 수요가 줄어들지 않았던 OECD국가로 수출되었다.[7] 이는 교토의정서에 거론된 1992년 배출량을 기준으로 감축 책임을 분할하고 그에 따라 선진국에게만 감축의무를 부여하는 것이 기후문제 해결에 더는 합리적인 해결책이 될 수 없다는 것을 의미한다.

이렇게 되자 '공통의 차별화된 책임' 원칙 아래에 개도국의 감축 의무를 면제한 교토의정서의 실효성에 대한 선진국들의 의심과 문제 제기가 거세지며 교토의정서는 발효가 되기도 전에 폐기될 위기에 봉착했다. 실제 미국과 캐나다처럼 자국의 온실가스 배출량이 1990년 대비 감소하기는커녕 증가하면서 교토의정서가 정한 감축 목표를 맞추지 못할 것이 확실시되는 국가들이 의정서에 대한 지지를 철회하기 시작했다. 2001년 3월에 선출된 조지 W. 부시 미국 대통령이 비준을 거부하자 '참여 국가의 배출량이 전 세계 배출량의 절반 이상을 차지할 것' 이라는 교토의정서 발효조건이 충족되지 못할 뻔 한 것이다. 다행히 미국의 탈퇴에도 교토의정서는 유럽연합(EU), 캐나다, 일본, 호주 등 주요 선진국들의 지지를 확보했으며, 교토의정서에 서명하는 조건으로 세계무역기구(WTO) 가입협상에서 유리한 딜을 얻어 냈다는 소문이 무성했던 러시아가 합류하며 2005년 드디어 교토의정서가 발효되었다.

2005년 교토의정서가 발효되자마자 1차 약정기간(2008~2012년)이 종료된 이후, 즉 2012년 이후 교토의정서를 어떻게 할 것인가에 대한 새로운 협상이 시작되었다. 모든 Annex 1 국가들이 교토의정서에 비준한 것이 아니었기 때문에 협상은 의정서를 비준한 Annex 1 국가 간 추가 의무에 관한 협상과 미국을 포함하여 의정서에서 탈퇴한 국가들이 포함된 장기 협력방안에 대한 협상의 두 단계로 진행되었다.

첫 번째 성과는 2007년 발리 행동계획(COP13)으로 '2012년까지 장기적 협력을 위한 합의를 끌어낸다', 즉 교토의정서 종료 전에 Post-Kyoto 체계에 대한 합의를 끌어낸다는 결정이었다. 그러나 이후 지지부진한 논의가 이어지며 교토의정서를 대체할 국제협정이 맺어질지에 대한 회의론이 확산하였다. 그 와중에 2009년 COP15에서 발표된 코펜하겐협정으로 이후 파리협정으로 나아가는 토대가 마련되었다. 특히 교토의정서에 의해 감축 의무가 부과되지 않았던 개도국들도 온실가스 저감에 참여할 것을 처음으로 명시했다는 점은 주목할 만한 변화로 볼 수 있다.

표 2 교토의정서에서 파리협정까지 기후변화에 대한 국제협력

년도	이벤트	주요 결정사항	실행
2005	교토의정서(KP) 발효(1차 약정기간: 2008~2012년)	• Two-track으로 KP가 종료되는 2012년 이후에 대한 협상 시작	• 트랙 1: Annex 1 국가 간 추가 의무에 관한 애드 혹 작업그룹(AWG-KP) 설립 • 트랙2: COP13 (발리)에 의해 미국을 포함한 모든 UNFCCC 당사자의 참여로 장기 협력 행동을 의논하는 워킹그룹(AWG LCA) 설립
2009	코펜하겐협정 (COP15)	• CBDR 원칙을 깨고 처음으로 개도국의 저감 활동 참여를 명시	파리협정으로 가는 토대 마련
2010	칸쿤협정(COP16)	코펜하겐협정 반영	• 세계 지도자들에 의해 2°C 감축 목표 채택 • 탑-다운 방식(KP에서 채택) 대신 각국이 감축 목표를 선언하고 이에 대한 국제사회의 검토를 받아들이는 방식의 목표설정 방식 제시 • 특히 개도국에 2020년까지의 온실가스 배출량이 BAU 보다 낮아질 수 있도록 NAMAs를 제출하도록 요청
2012	더반회의(COP17)	• 교토의정서의 시한 연장에 합의함으로써 기후변화 대응 국제협력에 대한 법적 공백 상태를 방지 • 개발도상국의 감축 의무 재확인 • 녹색기후기금 목표액 설정	
2015	파리협정(COP21)	• 2020년 교토의정서를 대체할 기후체제 출범	
2016	파리협정 발효(11월)		

이러한 변화는 이듬해인 2011년 COP16에서 발표된 칸쿤협정에 반영되었다. 좀 더 자세히 살펴보면, 칸쿤협정은 교토의정서가 채택했던 하향식(top-down) 대신 각국이 감축 목표를 선언하고 이에 대한 국제사회의 '검토'를 허용하는 방식을 제시했다. 특히 개도국에는 2020년까지 BAU 배출량[8]보다 국가배출량이 적어질 수 있도록, 지속 가능한 발전을 내용으로, 기술이나 재정 그리고 역량이 뒷받침되는 '국가 감축 행동(NAMAs, nationally appropriate mitigation actions)'을 제출하도록 요청했다. NAMAs는 이후 파리협정의 '개별 국가의 자발적 감축 기여분(NDC, Nationally Determined Contribution)'으로 발전했다. 이외에 칸쿤협정에는 해당 협정을 '성공적' 협정으로 평가받게 하는 내용이 포함되어 있다. 개도국의 기후 역량 구축과 재정 지원을 위해 녹색기후기금을 필두로 기후금융의 규모와 범위를 확대한다는 결정, 산림과 관련된 온실가스 감축 가이드라인, 온실가스 저감과 기후적응을 위한 기술의 개발 및 이전을 위한 기술 메커니즘의 확립 등이 그것이다. 실효성 여부를 떠나 나름 획기적인 조치들이 포함된 칸쿤협의문이 받아들여진 것은 기후변화의 속도가 심각하고 기후재앙을 불러올 불가역적인 온난화가 일어날 시점이 멀지 않았던 위기감 때문이었다.

2010년 칸쿤회의는 오늘날 기후변화의 상한선, 즉 '기후목표'하면 떠오르는 단어인 '2°C 목표(2°C target)'가 세계 지도자들에 의해 받아들여진 회의라는 점을 빼고 이야기하기 어렵다. IPCC와 UNEP는 과학적 증거와 시나리오 분석을 통해 2100년까지 예상되는 지구 온도변화의 범위와 영향, 치명적인 기후재앙을 막기 위해 저지해야 할 기온 변화의 마지노선을 연구한 후 보고서를 작성했는데 칸쿤회의에서 이 보고서가 받아들여진 것이다. 칸쿤합의서가 맺어진 2년 후(2012년) 교토의정서의 효력이 만료되는 시기에 남아프리카공화국 더반에서 COP17이 열렸다. 더반회의에서 2015년까지 중국, 인도, 미국 등 교토의정서에 포함되지 않은 모든 대형 배출국들이 온실가스 배출량을 줄일 것을 요구하는 새로운 포괄적인 기후협약을 만들겠다는 2011년 칸쿤협정의 내용이 재확인되었다.

이듬해 카타르 도하에서 열린 COP18에서는 교토의정서를 2020년까지 연장하는 것에 대한 공식적인 합의가 이루어졌고 2015년 12월 12일 21차 당사국 총회(COP21)에서 파리협정이 채택되었다. 파리협정은 2020년까지 연장된 교토의정서를 완전히 대체하는 것이었다. 파리협정이 발효되기 위해서는 적어도 세계 배출량의 55%를 대표하는 국가가 국내 비준 과정을 거쳐 공식적으로 파리협정을 비준해야 한다. 예상보다 빠른 속도로 비준이 이루어지더니 '대부분의 국가'에 해당하는 197개국이 파리협정을 채택했으며 이 중 179개국(미국 포함)은 국내 비준을 거쳐 파리협정에 대한 참여를 확고히 했다. 그 결과 1년도 채 지나지 않은 시점인 2016년 11월 4일 파리협정이 발효되었다. 이처럼 거의 모든 국가가 하나의 주제에 대해 합의하고, 1년도 채 지나지 않아 합의안을 발효시킨 사례는 국제협력 역사에서 유례를 찾아보기 힘들다.

교토의정서와 비교한 파리협정의 주요 내용

교토의정서와 파리협정은 모두 기후변화를 다루고 있지만 둘 사이에는 몇 가지 중요한 차이점이 존재한다. 32페이지 분량에 달하는 파리협정의 내용을 교토의정서와 비교하여 요약하면 다음과 같다.

우선, 글로벌 목표치를 설정하지 않았던 교토의정서와 달리 파리협정은 2100년을 기준으로 지구 평균기온 상승을 산업화 이전 대비 2°C 이하, 더 나아가 1.5°C 수준 이내로 억제한다는 명시적 목표를 제시했다. [그림 3]에는 아무런 노력을 하지 않았을 때의 온실가스 배출량(NO POLICY)과 칸쿤에서 채택된 2°C 목표를 달성하기 위해 넘어서는 안 될 온실가스 배출량의 상한 목표를 동시에 보여준다. 칸쿤에서의 계획에 따르면 2090년을 전후로 국제사회가 추

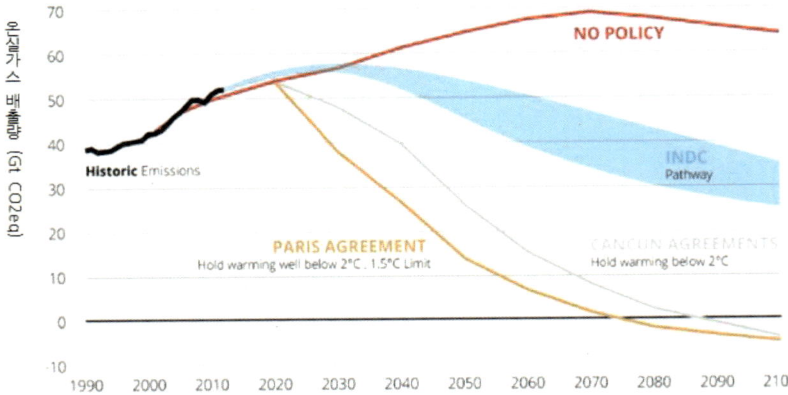

출처: Meyer-Ohlendorf et al.(2018).[9]

그림 3 감축 시나리오별 세계 온실가스 배출량 상한

가로 배출하는 온실가스 배출량이 0이 되어야 하지만 파리협정을 따르는 경우 소위 '넷지로(Net zero)' 시점이 2080년으로 앞당겨지게 된다.

둘째, 파리협정은 온실가스를 배출하는 모든 국가가 경제 수준에 상관없이 감축 활동에 참여하도록 하고 있다. 그러나 각국이 배출량을 어떻게, 얼마나 줄여야 하는지에 대한 구체적인 가이드라인은 파리협정에서 제시되지 않고 있다. 가이드라인이나 법적 제재 대신 각국이 기후변화에 대한 과학적 근거를 주시하며 세계시민의 관점에서 기후변화 변화를 위해 노력하도록 하는 신사적 방식을 제시한 것이다. 파리협정에 따라 온실가스를 배출하는 모든 국가는 자발적 감축 기여 목표치인 NDC(Nationally Determined Contribution)를 정해 국제사회에 제출한 후 5년마다 감축 실적을 평가하고 목표치를 조정하는 과정을 거치게 된다. 파리협정이 채택한 이러한 상향식 접근(bottom-up approach)은 일부 국가만을 대상으로 법적 구속력이 있는 배출량 감축 목표를 설정하고 하달한 교토의정서의 하향식(top-down) 접근과는 차이를 보인다.

셋째, 파리협정은 목표설정에 있어 개별 국가의 자율성을 받아들이는 대신 목표설정 방식과 감축의 이행실적 계산에 있어 투명성과 정보 공개를 교토의정서에 비해 강하게 요구했다. 구체적으로 각국의 온실가스 발생 현황, 감축 목표 결정방식, 이행실적에 대한 보고와 평가방식의 투명성을 확보하고, 외부 전문가들이 성과를 평가할 수 있도록 합의할 것을 요구한 것이다. 공통의 강력하고 투명하며 검증 가능한 이행 프레임워크가 작동할 경우 국가 간 신뢰가 증진되고 파리협정이 설정한 목표를 달성할 가능성은 커질 것이다. 이를 위해 2015년 파리협정이 발표된 이후 국제사회는 이행 프레임워크에 대한 논의에 집중해 왔다.

넷째, 파리협정은 개도국의 기후 저감 및 적응 활동에 대한 지원을 명시하고 있다. 파리협정은 온난화에 대한 책임이 가장 적은 최빈국들과 작은 섬나라들이 기후변화로 인해 가장 큰 피해를 보고 있다는 점을 인정하고, 이들 국가의 기후 저감과 적응 활동을 지원하기 위해 선진국들이 재정적 기술적 지원을 제공해야 한다는 내용을 포함하고 있다. 이는 개도국에 대한 공공 및 민간 기후금융의 규모를 2020년까지 연간 1,000억 달러 수준으로 확대할 것이며 이를 위해 녹색기후기금(GCF, Green Climate Fund)을 설립한다는 2009년 코펜하겐협정을 바탕으로 하고 있다. 선진국들은 개도국의 기후 저감과 적응 활동을 지원할 것을, 또 지원 규모를 보고할 것을 요청받기는 했지만, 파리협정 하에서 특정 금액을 기부할 법적 의무를 지지는 않는다. 그 결과 아직 조성된 기후금융 수준은 개도국의 기후금융 수요에 턱없이 모자란 상태다.

파리협정이 궁극적으로 금세기에 지구 기온 상승을 1.5℃로 억제하는 것을 목표로 하고 있지만, 개별 국가들이 제출한 자발적 감축 기여분(NDCs) 만으로 '1.5℃ 목표'는 물론 '2℃ 내 억제목표' 조차 이루어질 가능성은 매우 희박하다. 앞의 [그림 3]에서 볼 수 있듯, 각국이 제시한 목표치는 향후 기온 상승을 섭씨 2.7℃에서 3.7℃ 사이로 제한하는 정도의 효과만 낼 것으로 예상하기 때문이다. 이러한 감축 목표조차 지켜진다는 보장이 없다. 이러한 가운데 2018년

12월 폴란드 카토비체에서 열린 COP 미팅의 주요 목표는 파리협약 이행을 위한 일련의 규칙과 절차에 합의하는 것, 그리고 이러한 합의도출을 위한 효과적인 국제협력 체제를 구축하는 것이었다. 그러나 파리협정처럼 기후변화에 대응한 국제협력이 원활하게 진행되는 것을 방해하는 다양한 긴장 요인이 존재하는 것도 사실이다.

첫째, 기후 협정과 관련된 정설은 하향식(top-down)으로 법적 구속력이 있는 각국의 감축 목표와 시간표를 정해 엄격하게 이를 실행해야 한다는 것이다. 파리협정은 하향식인 교토모델을 버리고 대신 개별 국가가 자발적으로 결정한 감축 기여분(NDC)에 기초해 기후변화에 대응하는 상향식 구조를 채택했다. 자체적으로 감축 목표를 정하는 방식이 허용되자 국가 대부분이 파리협정을 채택하게 되는 긍정적 결과도 발생했지만, 그들이 제출한 감축 목표(NDC)가 필요한 수준보다 낮아지는 부작용도 발생했다. 기후변화를 섭씨 2℃ 이하로 유지하고 금세기 후반에는 Net-zero 배출 목표를 달성해야 한다는 글로벌 목표를 포기한 것이 아니라면, 이 상향식 구조는 다수의 하향식 조정과 균형을 이뤄야 한다. 그러나 이러한 전 지구적 차원의 조정은 법적 구속력이 없다. 개별 국가가 2015년에 제출한 감축 목표나 5년마다 업데이트되는 감축 목표나 가이드라인의 준수 의무조차 법적 강제력이 없는 국제사회의 평판, 기대, 암묵적 규범에 의존해야 한다.[10] 그러나 교토의정서에서 경험했듯 '법적 구속력'이 있다고 하더라도 힘이 있는 국가가 이를 어기면 국제사회가 이를 제재할 방법은 사실상 거의 없다. 즉, 법적 구속력 자체가 가지는 강제력이 약한 만큼, 스스로가 한 약속을 지켜야 한다는 규범과 국제사회에서의 평판에 기댄 파리협정의 비강제적 구속력이 교토의정서보다 못한 성과를 낸다는 근거도 없는 상황이다.

둘째, 파리협정은 선진국만이 아니라 모든 배출국가의 감축 행동을 요구했다. 그러나 개도국들은 선진국들이 기후변화를 일으킨 장본인이며 개도국들이 자발적으로 취하는 모든 조치에 대해서도 또, 개도국이 기후변화로 겪고 있는 피해에 대해서도 선진국이 무언가 지급해야 한다는 의견을 고수하고 있다.[11] 이러한 상황에서 파리협정은 개발도상국의 자발적 참여를 끌어내기 위한 장치로 선진국의 개도국에 대한 재정적·기술적 측면의 추가 지원을 명시했다. 그러나 녹색기후기금(GCF)의 조성이 지연되자 국제사회로부터의 재정 지원이 부족할 것이라는 불안감, 특히 트럼프 미 대통령이 파리협정 탈퇴를 선언하자 최대 공여국인 미국이 더는 기후기금을 제공하지 않을 것이라는 불안감이 커진 상황이다. 이러한 불안감은 본격적으로 증가하고 있는 개도국발 온실가스 배출량의 감축 전망을 어둡게 하고 있다.

셋째, 작금의 경제구조 아래에서 공공부문이 동원할 수 있는 금융자원과 기술지원은 한정적이다. 따라서 정부의 노력과 공적 재원만으로 기후문제의 해결은 불가능하며 민간부문의 기후금융이 과거보다 훨씬 큰 규모로 기후 프로젝트에 투입되지 않는 한 파리협정이 정한 목표를 달성할 방법은 없다. 파리협정은 국내에서는 가능한 한 시장기반 탄소 가격정책(탄소세와 배출권거래제)을 시행하여 민간부문이 저감 활동에 투자할 수 있도록 유도하며, 세계적으로는 국제 탄소 시장을 활성화해 각국에서 일어나는 저감 활동에 경제적 유인을 제공하는 한편 가장 낮은 비용으로 글로벌 감축 목표를 달성할 방안에 대해 심도 있게 다뤘다. EU, 중국, 일본, 한국 등 많은 국가가 파리협정 체결 전부터 시장기반 탄소 가격정책을 시행해왔다. 그러나 국제 탄소 시장의 형성은 난항을 겪고 있는데 국가 간의 제도 차이, 감축의 질에 대한 신뢰 부족, 각국에서 이루어진 감축 실적에 대한 국가 간 교환 비율 설정에 관한 이견, 과거 청정기술메커니즘(CDM)에 의해 발행된 감축 크레딧의 처리문제 등의 장애 요인이 존재하기 때문이다. 2019년 말 칠레에서 열리는 당사국총회가 이러한 난제를 해결하고 국제 탄소시장에 대한 규정을 마련할 수 있을 지 귀추가 주목된다.

넷째, 파리협정이 현실화되려면 파리협정의 회계 투명성과 관련된 많은 중요한 기술적 문제들이 해결되어야 한다. 파리협정은 각국의 감축 목표를 국제사회가 투명하고 명확하게 이해하기 위해 온실가스 배출량 정보, 감축 목표설정에 이용된 기본가정, 감축 목표 결정방식과 실행상황에 대한 투명성 조건을 맞춘 공개와 보고를 요구하고 있다. 이러다 보니 2016년 11월 협정 발효 이후 각국은 파리협정을 현실화하는데 필요한 세부이행지침을 마련하기 위한 후속 협상(APA, Ad Hoc Working Group on the Paris Agreement)에 큰 관심을 보여왔다.[12] 많은 개도국은 회계, 보고 등의 문제에 오랜 경험을 가진 선진국들과 같은 제도에 놓이는 것에 대해 우려를 표명하고 있다. 2018년 카토비체에서 열린 당사국총회에서는 파리협정 이행을 위한 포괄적인 규칙과 가이드라인을 채택했는데 여기에는 모든 국가가 최대한의 능력을 발휘할 수 있도록 하는 공통의 투명성 프레임워크가 포함되어 있다. 원칙에의 합의는 간단하나 제도 연계만큼 디테일의 악마가 작동하는 예도 흔치 않아 투명성 프레임워크가 언제 작동할지, 효과적일지는 아직 불투명하다.

맺는말

파리협정이 체결되고 2016년 말 발효된 후 시일이 지나며 세상의 거의 모든 국가가 짧은 시일 내에 기후변화에 대한 국제협력방안을 만들어내고 발효까지 시켰다는 흥분과 기대감은 희미해졌다. 대신 기후변화와 관련된 고질적인 책임론과 견해차가 머리를 들기 시작했다. 결정적으로 미국의 트럼프 대통령이 파리협정 탈퇴 의사를 밝히며 파리협정 체계 자체를 흔들었다. 서론에서 살펴본 기후변화 게임의 예를 들어 설명하면, 2015년 파리에서 장기의 협력게임으로 마무리된 기후문제가 시간이 지남에 따라 다시 단기의 비협력 게임으로 전개될 가능성이 현실화되고 있는 것일 수도 있다.

이러한 난제에도 UNFCCC 또는 당사국 총회(COP)가 파리협정을 기반으로 기후변화에 대해 정적이기보다 동적으로 대응하고 있다는 점을 주목할 필요가 있다.[13] 파리협정은 여전히 정부, 민간, 기업, 또는 다양한 세대가 기후변화에 대한 정보를 공유하고 상향과 하향을 반복하며 기후변화의 규모와 시급성에 맞춰 국제사회의 대응 방안을 모색할 수 있도록 하는 잠재력을 갖춘 국제법적 수단이 될 가능성이 있는, 그리고 다른 대안이 거의 없는 기후변화에 대한 글로벌 협력의 근거이기 때문이다. UNFCCC는 NDC와 세기말(2100년) 목표 사이의 구체적인 이행경로를 찾기 위해 2050년을 시한으로 하는 반세기 감축 목표를 탐색 중이다. 이에 앞서 과학자들은 〈IPCC 5차 보고서〉를 통해 세기말까지 온도변화를 2℃ 이내로 억제하기 위해서는 '2050년까지 2010년 배출량 대비 40~70% 감축'이 필요하다는 반세기 감축 목표를 제시한 바 있다. 강제력은 없지만, 이 감축 목표는 각국이 자국의 저탄소 발전전략(LEDS)을 수립하는데 중요한 참고 자료로 사용되고 있다. 이미 몇몇 국가는 LEDS를 제출했으며 우리나라 역시 한국의 LEDS 설정을 위해 각 부문과 다양한 세대를 어우르는 정부-민간 협의가 진행 중이다.

저감을 위한 연대의 범위가 확대되고 있다는 점도 주목할 만하다. 'RE100 Initiative'처럼 글로벌 기업의 상당수가 자발적으로 재생에너지와 저탄소 원료 사용을 확대하는 활동을 전개하고 있으며, 시티뱅크를 포함하여 금융계에서도 기후변화를 자금 운용의 주요 결정요인으로 고려하겠다는 뜻을 밝힌 기업의 숫자가 증가하고 있다. 또, 현세대가 저감 활동에 소극적일 경우 심각한 피해를 보게 될 미래 세대가 기후 행동을 위한 국제청년연맹에 해당하는 'Youth for Climate Action'의 이름으로 글로벌 협력 활동을 벌이고 있다. 미래 세대인 이들은 이러한 활동을 통해 '현재 시점의 의사결정'에 관여하고자 노력할 것이다. 아직 이러한 자발적 활동이나 국제연대가 영향력 있는 '파워'를 형성한 것은 아니다. 그러나 연대의 범위와 강도가 커지고 있는 만큼 너무 늦지 않은 어느 시점에서 이들이 각국 정부가 자국의 이해를 위해 '비협조적 게임'을 하는 대신 인류 생존을 위한 '협력게임'을 유도할 것이라고 기대해볼 만하다. 협력게임을 유도할 것으로 예측된다기보다 이외에 '세계 시장에서의 경쟁'과 '경제 성장'의 강력한 동인을 누르고 기후변화 완화를 위한 국제협력을 이끌 다른 대안이 별로 없다는 것이 정확한 표현일 것이다. 이러한 기대가 존재하는 한 파리협정을 끌어낸 COP21은 오진규의 표현처럼 '역사적 총회'로 기록될 만하다.[14]

1 그린피스는 무어가 그린피스의 설립자가 아니며 핵 로비스트일 뿐이라고 반격했다 (https://www.bbc.com/news/world-us-canada-47543905).

2 Stern, P. Towards a coherent theory of environmentally significant behavior. *Journal of Social Issues* 56, 2000: pp 407~24.

3 Semenza, J., Hall, D.E., Wilson, D.J., Bontempo, B.D., Sailor, D.J. and George, L.A. Public Perception of Climate Change, *American Journal of Preventive Medicine* 35(5), 2008: pp 479~487.

4 Clemons, E.K. and Schimmelbusch, H., The Environmental Prisoners' Dilemma *Or* We're All in This Together: Can I Trust You to Figure it Out?, May 2007.
http://opim.wharton.upenn.edu/~clemons/blogs/prisonersblog.pdf

5 OECD, OECD *CO_2* Emissions Embodied in Consumption, 2016.
https://www.oecd.org/sti/ind/EmbodiedCO2_Flyer.pdf

6 [표 1] 안 그래프의 녹색 점선이 녹색 실선보다 높은 지점에 위치.

7 오형나, 더반회의, 기후변화에 대한 국제공조의 한계와 가능성, KDI FOCUS, 2012.
(http://www.kdi.re.kr/research/subjects_view.jsp?pub_no=12214)

8 아무 감축 활동도 하지 않았을 때의 배출량으로 Business-as-usual을 줄여 BAU 배출량으로 표시.

9 Nils Meyer-Ohlendorf, Philipp Voβ, Eike Velten, and Benjamin Görlach. (2018). EU Greenhouse Gas Emission Budget: Implications for EU Climate Policies.

10 van der Gaast, W.P. and Alessi, M. "History of the UN Climate Negotiations - Part 1. from the 1980's to 2010". Climate Policy Info Hub, 10 March 2015.

11 Stern, T., The Paris Agreement and its Future, the Brookings Institution, 2018 October.

12 오진규, 『신기후체제로서의 파리협정과 후속 협상의 협상 쟁점과 시사점, Journal of Climate Change Research 9(4)』, 2018, pp 343~355.

13 Stern, T., The Paris Agreement and its Future, the Brookings Institution, 2018 October.

14 오진규, 『신기후체제로서의 파리협정과 후속 협상의 협상 쟁점과 시사점, Journal of Climate Change Research 9(4)』, 2018, pp 343~355.

제7장

기후변화의 정치와 외교

김성진 한양대학교 에너지거버넌스센터
전임연구원

앞 장에서 여러 전문가가 '기후변화의 과학과 정치'라는 주제로 기후변화의 과학에 대한 중요한 내용을 다루었다. 제7장은 기후변화의 정치와 외교를 다룬다. 특히 정치적 논의보다 과학과 정치가 연결되는 지점을 먼저 짚고 넘어갈 예정이다. 왜 어떤 과학적 사실은 정치적으로 높은 중요성을 인정받고, 다른 사실은 외면당할까? 왜 어떤 과학적 사실에 대해서는 정책과 법이 수립되면서 강력한 대응이 이루어지는데, 다른 사실은 대응 행동으로 이어지지 않는 것일까? 이런 질문에 답하려면 다양한 환경문제에 대한 정치권의 수용에 대해 먼저 이해할 필요가 있다.

의제설정(agenda setting)이란, 문제와 그 대안적 해결책이 대중과 정책결정자들의 관심을 얻거나 잃게 되는 과정을 의미한다. 환경문제가 정치적 의제로 설정된다는 것은 곧 정치적 중요성을 지니게 된다는 뜻이다. 일단 정치적 의제로 인식되면 공적인 논의가 이루어지게 되고, 정치적으로 중요한 사안으로 두드러지면서, 국가 차원의 행동대상이 된다.

오존층 파괴물질을 규제하는 비엔나협약과 몬트리올의정서라는 국제환경협약이 있다. 오존층 파괴물질 중 대표적인 염화불화탄소(CFC)나 할론(Halon) 등은 국제적인 협약 아래 강력히 규제되어, 지금은 어느 나라도 함부로 사용하지 못하게 되어 있다. 오존층이 파괴되면서 인류가 직접적인 위협을 받게 되자, 오존층 파괴물질을 규제하는 강력한 조치가 시행된 것이다. 과학적 사실이 정치적 의제가 되어 강력한 법적 조치로 이어진 대표적인 사례이다.

아직 정치적 의제로 두드러졌다고 말하기는 어렵지만, 굉장히 중요하다고 생각하는 것이 있다. 질소와 인의 순환에 대한 것이다. 기후변화와 마찬가지로, 인간 활동으로 질소와 인의 순환이 제대로 이루어지지 않고 있다는 사실이 과학적으로 계속 보고되고 있다. 그런데 이 문제가 정책적으로 중요하게 논의되는 일이 별로 없다. 1980년대 기후변화 문제처럼 과학자들만 질소비료 사용의 문제점을 경고하고 있는 수준이고, 정치적으로는 아직 문제의 심각성이 주목받지 못하고 있다. 그래서 사안의 중요성이나 심각성과는 다른 측면에서, 정치권에서 환경문제를 심각하게 받아들이는 특정한 조건을 생각해봐야 한다. 어떤 조건이 충족되어야 정치권은 특정한 환경문제를 중요한 정치적 의제로 받아들이는 것일까?

미국 오레곤대학교 정치학과의 미첼(Ronald B. Mitchell) 교수는 이에 대한 대답을 제시한 바 있다(Mitchell 2010, 80~111). 이하의 그림은 과학적 사안이 정치적으로 부상하는 요건을 다룬 것으로, 지식(Knowledge), 우려(Concern), 긴급성(Urgency) 세 가지로 이루어져 있다. 이 세 요인은 순차적인 과정을 통해 나타나는 것은 아니며, 상호작용하면서 환경문제가 정치적 행동으로 전환되도록 만드는 역할을 한다.

지식(Knowledge)	우려(Concern)	긴급성(Urgency)
• 관련 행위자들이 환경영향의 원인과 결과에 대해 충분한 지식을 지닐 때 정치적 논의의 대상으로 부상	• 충분한 우려가 쌓이고 공유되면 논의 확산 • 우려는 높으나, 원인과 해결책에 대한 지식이 부족한 경우, 논의는 확산되나 행동으로 이어지지 못하는 경우가 대부분	• 지식과 우려가 충분히 무르익거나, 특수한 외부사건이 발생하는 경우, 사안은 긴급성을 얻어 논의 대상에서 행동 대상으로 전환

그림 1 과학적 사안의 정치적 부상 요건

첫 번째로, 정치권에서 환경 사안을 정치적 의제로 받아들이기 위해서는, 지식 측면에서 높은 수준의 과학적 확실성이 있어야 한다. 물론 과학에서 100%의 확실성은 불가능하다. 그래도 기후변화처럼 인간 활동으로 지구온난화가 가속화되고 있다는 것은 95% 이상 확실하다는 과학적 지식과 그것을 보증하는 과학자들의 공동체가 존재해야만 집단행동을 통해 조처할 수 있는 단계로 넘어갈 수 있다.

두 번째 요건은 우려다. 특정 환경문제를 많은 사람이 걱정한다는 뜻이다. 사람들에게 가시적으로 보이면 보일수록 우려는 더욱 커진다. 기후변화의 심각성에 대해 여전히 사람들이 의심하는 이유는, 이것이 눈에 보이는 가시적 현상이 아니기 때문이라는 점이다. 다른 환경문제와 비교하여 생각해보면 의미가 더 와 닿는다. 미세먼지 농도가 높아지면 하늘이 노랗게 보이고, 호흡이 어려워진다. 눈이 따갑고, 피부도 가렵다. 가습기 살균제 사건 같은 경우, 가습기 때문에 아이와 노인들이 폐 질환에 걸려 사망하는 일까지 생기면서 심각한 사회문제로 드러났다. 이 밖에도 토양이 오염되거나, 원유가 유출되어 시꺼멓게 바다를 뒤덮는 등 바로 눈에 보이는 현상이 벌어지게 되면서 사람들의 우려가 증폭되었다. 하지만 온실가스는 보이지 않을 뿐 아니라, 발생과 결과 사이에 시간 차이가 있다. 이산화탄소(CO_2)는 한 번 방출되면 사라지지 않고 100년 이상 대기권에 머문다. 그래서 2000년대 초반에 배출된 CO_2가 2100년 이후까지 영향을 미치는 것이 기후변화 현상이다. 당장은 눈에 보이지 않고 심각한 손해를 입지도 않기 때문에 현재의 사람들은 관심을 두지 않게 된다. 결국, 기후변화에서는 가시성과 시간의 차이로 우려가 행동으로 이어지는 데는 어려움이 많다.

세 번째 요건은 긴급성이다. 국가와 국제사회 차원에서 환경적 조치가 강력하게 발동되기 위해서는 긴급성에 걸맞은 요건이 충족되어야 한다. 원전 사고가 났다거나 오염물질이 국경을 넘어서 다른 나라로 이동하고 있다는 사실이 밝혀지면 긴급성과 위험 인식이 급격히 상승한다. 유해성 폐기물의 초 국경적 이동에 대응하여 바젤협약이 채택된 것처럼, 즉각적인 대응을 촉발하는 사건에 의해 규제가 이루어질 수 있다.

기후변화 문제도 마찬가지다. 기후변화는 이전보다 더 높은 긴급성을 갖게 되었다. 지구 평균기온은 계속 상승하여, 대부분의 온난화는 최근 35년간 발생했으며, 역사적으로 가장 더웠던 해 5개가 2010년 이후 기록되었다. 해양이 복사열을 흡수하여, 해양 온도 역시 지속해서 상승 중이다. 그린란드와 북극에서는 대륙 빙하가 대규모로 감소하고 있는데, 1993~2016년 사이 그린란드에서는 2,860억t, 북극에서는 1,270억t의 연평균 감소가 이루어져 왔다. 알프스, 히말라야, 안데스, 로키, 알래스카, 아프리카 등에서 만년설이 빠르게 융해되고 있으며, 지난 50년간 겨울과 봄에 지구 북반구를 덮은 눈의 높이가 현저히 낮아지는 등 적설량도 급감하고 있다. 해수면 상승 속도는 점점 더 가속화되고 있는데, 지난 20년간의 속도는 그 전보다 2배로 증가하였다. 그 밖에도 1950년 이후 지구 전역에서 이상고온(폭염) 일수의 증가, 저온 일수의 감소, 집중호우의 현저한 증가 등 극한 현상의 빈도와 강도가 증가하고 있다는 사실이 보고되고 있다(NASA Global Climate Change). 영국 〈가디언(The Guardian)〉지는 이제 '기후변화'라는 온건한 표현 대신, '기후 비상(Climate Emergency)', '기후위기(Climate Crisis)', '기후 붕괴(Climate Breakdown)'라는, 그리고 '지구온난화(Global

Warming)' 대신 '지구가열(Global Heating)'이라는 새로운 용어를 사용해야 한다고 주장하기도 했다(The Guardian 2019).

긴급성으로 바로 연결되는 것이 대형 사고나 재난재해의 발생이다. 미국은 2005년 초대형 허리케인 카트리나가 오고 2012년 샌디가 오면서 이런 일들이 기후변화 때문이라는 인식이 생겨나고, 기후변화 적응 노력이 더 강화되었다. 물론 이런 자연재해가 최근에만 나타나는 현상은 아니다. 과거에도 많이 있었다. 그러나 지금 기후변화로 인해 자연재해가 더 잦아졌고, 더 강력해지고 있다는 점이 문제다. 유엔 안전보장이사회에서도 기후변화를 기존의 위협을 훨씬 더 가중하는 요인이라는 의미에서 '위협 승수(threat multiplier)'로 규정한다. 하지만 과학자들이 이런 위협을 아무리 강조해도, 일반 시민들로서는 그 긴급성이 잘 와 닿지 않는 부분들이 계속 남아있다.

이렇다 보니, '과학적 지식'이 굉장히 중요하다. 처음부터 지식 부분이 불확실하면, 아무리 우려의 수준이 높아져도 다시 지식과 관련된 논의로 돌아가게 된다. 미세먼지 문제를 한 번 생각해보자. 우리나라 고농도 미세먼지 문제는 긴급성을 지니는 사안이다. 눈에 뿌옇게 보이고, 호흡기와 피부 질병에 걸리는 사람들이 바로 나타난다. 그래서 위험하다는 우려와 시급히 대응해야 한다는 긴급성이 성립되는데, 정확한 원인, 구성성분, 시기별 데이터, 이동 경로 등에 대한 과학적 지식이 아직 부족한 것이 문제가 된다.

한국 미세먼지의 원인을 조사한 자료를 보면, 각 조사의 결과에서 큰 차이가 나타난다. 2016년 여름(5월 16일~6월 12일) 환경부와 미국 항공우주국(The National Aeronautics and Space Administration, NASA)의 합동 조사 결과에 따르면, 국내 미세먼지의 기여율은 국내 52%, 국외 48%이며, 국외 요인은 중국 34%, 북한 9%, 기타 6%이다(환경부 2017). 하지만 다른 연구기관에서 조사한 것들을 보면, 중국발 비중이 다 다르다. 심지어 요인도 다 다르게 나온다. 어디서는 소각장이 어디서는 경유차가 제일 큰 문제라고 하는 등, 요인에 대한 견해 차이가 광범위하게 존재한다. 그래서 한국으로 오는 중국발 미세먼지의 비중을 조사한 자료들을 다 모아보면 30~80%까지 범위 차이가 크게 나타난다.

농도에 따라, 시간에 따라, 기상 상황에 따라, 어디서 측정하는지에 따라 다 다르니 이런 결과가 발생하는 것이다. 게다가 우리가 '미세먼지'라고 총체적으로 부르긴 하지만, 이것이 질산염, 황산염, 암모늄 등 매우 많은 독성물질이 섞여 있는 것이니, 그 각각의 비중에 따라 위험성도 다를 것이다. 결국, 정밀한 과학적 지식은, 행동으로 나아감에 있어 매우 중요한 변수가 된다. 환경부와 외교부 등에서 중국발 고농도 미세먼지 문제 해결을 위해 국제협상에 나설 때, 확실한 지식을 제시하지 못하면 문제의 해결에 다가가지 못할 가능성이 크다. 국내에서의 저감 조치도 매우 중요하다. 하지만 미세먼지와 같은 초 국경적 오염물질은 국내 노력만으로는 해결할 수 없다. 국제협력을 위해서는 과학적 지식의 확보, 그리고 이를 위한 공동의 노력을 할 수 있는 장을 조성하는 것이 필요하다.

고농도 미세먼지와는 달리, 기후변화는 일반 시민들이 보기에 높은 긴급성을 지니는 문제가 아니다. 눈이나 피부로 느껴지지 않고, 지금보다는 이후의 세대에서 훨씬 더 많은 고통과 위협에 직면할 문제이다. 그러니 파리협정의 목표, 즉 2081~2100년 사이 산업화 이전 시기 대비 지구 평균온도 1.5~2℃ 상승이라는 것은, 긴급성으로 와 닿기에는 너무 먼 얘기이다. 이렇다 보니 기후변화에 대해 심각한 우려를 하고 서둘러 대응하려는 사람이 많지 않다.

긴급성 요건 충족 이후의 과정도 한 번 생각해보자. 지식, 우려, 긴급성이 모두 성립된다면 바로 문제 해결을 위한 돌파구가 열릴 것인가? 다시 강조하지만, 이 세 가지는 환경 사안이 정치적 의제로 성립되기까지의 요건이다. 정치적 의제로 성립되면 국가에서는 각종 정책이 수립되고, 국제사회는 국제환경협약과 같은 제도를 만들어 국가들을 압박하면서 지원하게 된다. 하지만 그래도 문제 해결이 요원할 수 있다. 비용 문제가 따라오기 때문이다. 즉, 값싸게 대체할 방안과 기술이 있는지의 문제가 생겨난다.

앞에서 언급한 오존층 파괴물질의 경우에는, 굉장히 빠르게 대체 물질로의 전환이 가능했다. 1930년대에 CFC를 최초로 상품화시켜 팔아 온 듀폰(DuPont)이라는 회사가 플루오린화탄소(HFC)라는, 오존층에 해를 주지 않는 대체물질을 상용화하면서 바로 기술적인 해결이 이루어졌기 때문이다. 이러한 대체물질의 개발은 몬트리올의정서의 결정적인 성공 요인 중 하나였다.[1] 하지만 기후변화는 오존층 파괴와는 다른 수준의 사안이다.

기후변화는 다른 환경 문제들과는 위험성과 규모의 차원이 다르고, 더는 단순히 환경문제라고도 부를 수 없을 정도로 인류의 중차대한 생존 문제이다. 근본적으로 인류의 문명구축 양식과 삶의 방식이 바뀌어야 할 사안이기에 대응비용 역시 엄청나게 비싸며, 이는 기후변화 해결이 난항을 겪고 있는 큰 원인이다. 모든 종류의 국가경쟁력과 안보의 문제까지 다 고려되어야 하는 대규모의 사안이라 대응을 위한 적극적인 행동이 어렵기에, 심각성보다 대응이 지지부진한 것이다.

이러한 문제와 관련하여, 유용한 논문 두 편을 소개하고자 한다. 첫 번째 논문은 제목이 〈Consensus on Consensus〉, 즉 〈합의에 대한 합의〉라는 뜻이다(Cook et. al. 2016). 쿡(John Cook)을 비롯하여 16명의 과학자가 모여 1991년 이후 출간된 다량의 대기과학 논문을 분석하고 기후변화의 사실성에 대한 메타조사를 시행했다. 대기과학 논문 약 1만 2,000편을 대상으로 기후변화가 사실이라고 보는 논문이 어느 정도 되는지 전수조사한 것이다. 그래서 나온 결론은 다음과 같다.

기후변화가 주로 인간 활동으로 야기되었다는 점에 대한 동의가 97%이고, 나중에 나온 논문일수록 99.83%, 99.96%로 이 비율이 증가한다. 예전에 과학적 지식이 상대적으로 부족할 때는 90% 초반대로 나오고, 뒤로 갈수록 거의 100%에 가까운 숫자가 나오는 것이다. 이렇게 메타적으로 조사하면, 과학자들의 기후변화 원인론에 대한 합의가 비교적 확실한 것을 알 수 있다. 물론 과학계에서 기후 부정론자들도 아직 남아있으나, 과학자들의 합의 정도가 어느 정도 수준에 이르렀다는 점을 분명히 알 필요가 있겠다.

두 번째 소개할 논문은 언론 보도에 대한 것이다. 정치가들은 선거에서 표를 얻어야 하므로, 대중들이 어떤 이슈를 중시하는지에 대해 예민하다. 물론 국익에도 도움이 되어야겠지만, 결국에는 정치가 본인과 본인이 속한 정당이 선거에서 이겨야 그것을 의제화시켜서 정치적인 힘을 받을 수 있다. 그런데 전문가가 아닌 일반 사람들은 주요 환경 이슈를 대부분 뉴스 등 언론을 통해서 접한다. 따라서 언론에서 사안을 어떤 방식으로 다루냐에 따라 정치권의 관심사로 전환될 수 있는지가 결정되는 측면이 있다. 이것에 대해 맥스웰 보이코프와 줄스 보이코프(Maxwell T. Boykoff and Jules M. Boykoff)가 미국에서 주요 4개 언론사의 보도를 조사하여 논문을 낸 바 있다(Boykoff and Boykoff 2004). 이들이 기사를 분석했더니, 인간 활동에 의한 기후변화가 실제로 일어나는가에 대해 '균형 잡힌' 의견 보도가 52%였고, 인간 활동에 의한 것이라는 의견이 35%, 그렇지 않다는 회의론이 6%로 나왔다. 그리고 대응은 얼마나 시급한가에 대해서는 균형 잡힌 보도가 78%, 신중하고 자발적인 대응을 해야 한다는 의견이 11%, 즉각적이고 의무적인 대응이 필요하다는 의견이 10%로 나왔다. 양 측의 의견에 대해 고르게 보도하는 균형 잡힌 보도가 대다수라는 점이 발견된 것이다.

이런 균형 보도는 언론의 본질적인 속성이고 사명이다. 물론 언론사 역시 어느 정도 이념적인 성향을 지닐 수 있고, 실제로도 가지고 있다는 것을 우리는 알고 있다. 예컨대, 〈조선일보〉나 〈동아일보〉는 상대적으로 더 보수적이고, 〈한겨레신문〉이나 〈경향신문〉은 상대적으로 더 진보적이라고 인식되고 있다. 그런데 이보다 더 중요한 사실은, 언론은 기본적으로 대립하는 양쪽의 말을 다 듣고 공정하게 보도하는 것이 사명이라서, 상반되는 의견을 반드시 나란히 놓는다는 점이다. 예를 들어 뉴스에서 기후변화 문제를 다루게 되면, 한쪽에는 기후변화가 굉장히 심각하다고 주장하는 사람을 부르고, 다른 한쪽에는 기후변화는 여러 이유로 아직 불확실하다고 주장하는 쪽을 부르는 식이다. 이렇게 균형 보도가 되는 상황에서 양쪽의 의견을 듣고 있자면, 사람들은 '아, 이 문제에 대해서는 여전히 결론이 나지 않았고, 아직도 논쟁이 치열하게 이루어지는구나.'라고 생각하면서 판단을 보류할 것이다. 이것이 바로 이 논문의 제목인 〈Balance as Bias〉, 즉 〈편견으로서의 균형〉이다. 즉, 언론에서 균형을 취하는 것 자체가 편향된 태도로 귀결된다는 중요한 점을 밝히고 있다. 과학자집단의 100%에 가까운 절대다수가 기후변화는 인간 활동으로 심각하게 진행되고 있다고 말한다. 그러나 언론은 이에 반대하는 회의론까지 상반된 두 의견을 동시에 보여주면서, 아직 더 조사할 필요가 있고, 신중히 방향을 모색해야 한다는 정도의 결론으로 끝나는 것이, 한쪽 편만을 들어줄 수 없는 언론의 속성상 당연하다. 대응 행동의 시급성에 대해서도 마찬가지로, 언론은 균형 잡힌 보도를 해야 한다. 굉장히 시급히 대응해야 한다는 쪽과 아직 시간적 여유가 있다는 쪽을 다 보여준다. 이래서 일반 시민들은 판단이 어렵다. 시민들에게 지식이 인식되고, 우려가 늘어나고, 긴급성이 생겨나고, 그것이 정치권으로 들어가서 행동으로 바뀌는 것까지의 과정이 종합적으로 이루어져야 하는데, 과학이 시민들에게 투입되는 가장 일반적인 창구인 언론의 보도 자세에 의해 어떤 문제가 나타날 수 있는지를 더 많이 고려해야 한다.

기후변화 대응의 국제적 쟁점

지금까지 과학이 정치가 되는 순간에 대해 살펴봤다. 두 번째 파트는 국가와 국제사회의 기후정치·외교에 대한 것이다. 우선 국제 기후변화 협상의 역사를

그림 2 국제 기후변화 협상의 역사

간략히 개괄해보자. 1988년에 IPCC가 설립되어, 기후변화 현상에 대한 공신력 있는 과학적 검토를 담당해왔다. 그리고 IPCC의 조사에 기초하여 UNFCCC가 탄생했고, 구체적인 시행방법이 담긴 교토의정서가 UNFCCC 하에 체결되면서 기후대응 행동의 기반이 만들어졌다. 2001년에 기후변화 부정론자인 부시가 미국 대통령이 되면서, 세계 최강국이자 당시 온실가스 최대배출국이었던 미국이 교토의정서에서 탈퇴했다.

부시는 탈퇴 이유로 세 가지를 들었다. 첫째는 기후변화가 사실인지 과학적으로 불확실하다는 점, 둘째는 중국, 인도 등의 선발 개도국들도 많은 온실가스를 배출하지만 온실가스 감축 의무가 전혀 없고, 불공평하게 선진국만 일방적으로 의무감축을 해야 한다는 점, 셋째는 온실가스 감축 조치를 시행하면 자국의 산업경쟁력이 취약해진다는 점이었다. 그래서 교토의정서는 미국 없이 EU 주도로 2005년에 발효됐고, 이후 교토의정서를 보완할 수 있는 포스트 교토 체재에 대한 논의가 지속적으로 이루어졌다. 온실가스 세계 1, 2위 배출국인 중국과 미국이 빠진 교토의정서를 대체하여 새로운 체제를 만드는 것이 관건이었고, 더 보편적이고도 더 효과적인 체제가 무엇인지 고민하다가 결과적으로 2015년 파리협정 채택으로 귀결되어, 2020년을 전후로 하여 파리기후체제가 시작된다.

파리협정에 이르기까지 몇 가지 중요한 쟁점들이 있었는데, 지금도 논의는 살아있다. 그것은 선진국만의 감축으로는 기후변화에 효과적으로 대응할 수 없음으로, 모든 국가행위자가 감축에 참여하는 체제로 전환하는 것이었다. 하지만 어떤 방식으로 모든 국가에 감축량을 배정할지가 어려운 문제였다. 교토의정서의 온실가스 감축량 할당방식은 기존 온실가스를 배출하는 양에 비례해서 국가별로 감축량을 할당하는 식이었다. 하지만 100을 배출하면 30을 줄이고, 50을 배출하면 15를 줄이는 식이라면, 이는 불공평한 측면을 갖고 있음을 알 수 있다. 100을 배출하면 70을 줄이게 하고, 50을 배출하면 20을 줄이게 하는 것이 결과적으로 다 똑같이 30을 배출하는 것이 되어 더 공평한 방식이 아닌가? 그러니 새로운 체제에서는 국가별 감축량 할당을 두고 다른 방안들이 논의되었다.

유력한 방안 중 하나가 국가별 인구 1인당 온실가스 배출량을 수렴시키는 방법이었다. 이를 '축소와 수렴(Contraction & Convergence, C&C)'이라고 부른다. 2013년 기준 국가별 1인당 CO_2 배출량으로 보면, 중국은 7.4t이고, 미국은 16.6t이나 되며, 인도는 1.7t밖에 되지 않는다. 이 세 나라가 세계 1, 2, 3위의 총배출량을 지니지만, 1인당 배출량으로 보면 이렇게 큰 차이가 난다. 선진국은 인구가 적고, 에너지 사용량이 엄청나게 높기 때문이다. 그래서 주로 개도국이 C&C 방식을 주장했다. C&C 방식을 새로운 기후체제에 적용한다면, 인도 같은 나라는 온실가스 감축을 안 해도 되기 때문이다. 예를 들어, 세계 모든 국가의 1인당 배출량을 5t으로 수렴시킬 것을 규칙으로 정한다면, 인도는 오히

표 1 총 누적 온실가스 배출량(1850~2010)

국가	총 CO_2 배출량(백만t)	1인당 CO_2 배출량(t)
중국	10,330	7.4
미국	5,300	16.6
인도	2,070	1.7
러시아	1,800	12.6
일본	1,360	10.7
독일	840	10.2
한국	630	12.7
캐나다	550	15.7
인도네시아	510	2.6
사우디아라비아	490	16.6
브라질	480	2.0
영국	480	7.5
멕시코	470	3.9
이란	410	5.3
호주	390	16.9
이탈리아	390	6.4
프랑스	370	5.7
남아프리카공화국	330	6.2
폴란드	330	8.5
우크라이나	320	7.1

려 1인당 3.3t을 더 늘려도 된다. 하지만 이것은 선진국이 엄청난 비용을 감당해야 하는 방식이니, 선진국의 반대로 채택이 될 수가 없었다.

이렇게 새로운 구상을 두고 논의를 거듭해도 모든 국가의 이해관계를 충족시킬 수 있는 체제가 일괄적인 기준 아래에서 채택이 되기는 어려웠다. 그러다 보니 파리협정의 접근법으로 귀결되었다. 파리협정의 특징은 기본적으로 각국

표 2 총 누적 온실가스 배출량(1850~2010)

선진국	51.9%	개도국	48.1%
미국	18.6%	중국	11.6%
EU-27	17.1%	인도	4.1%
러시아	7.2%	브라질	3.9%
일본	2.8%	인도네시아	4.8%
호주, 뉴질랜드	1.7%	브라질	3.9%
캐나다	1.9%	기타(아시아)	7.8%
기타	4.3%	아프리카	7.1%
		중동	3.0%
		기타(非아시아)	5.9%

출처: Ward and Mahowald 2014, 5.

이 스스로 기후변화 대응계획을 세워서 제출하도록 하고, 이 보고서 제출을 주기적으로 하도록 의무화시키는 것이다. 즉, 어떤 뚜렷한 기준에 의해 감축 의무를 부여한 것이 아니라, 감축 목표와 수단 자체는 국가들이 자발적으로 정하도록 하고, 보고만 의무화시킨 것이다. 이것이야말로 모든 국가가 어떤 식으로든 감축에 참여하는 보편체제를 만들 수 있는 유일한 방법이었다. 따라서 파리협정은 교토의정서의 실패를 극복한 것이 아니라, 교토의정서의 실패를 인정한 체제로 보인다(김성진 2016, 369~371).

현재 실제로 온실가스 순 감축이 일어난, 즉 과거보다 온실가스 배출량이 절대적으로 줄어든 의미 있는 주요 행위자는 EU 정도이다. EU도 28개 국가의 연합이니 서로 플러스와 마이너스를 해서 총체적으로 계산했기에 가능한 일이었다. 러시아도 순 감축이 일어난 국가지만, 기준점을 잘 봐야 한다. 러시아는 지금 세계 온실가스 배출량 4위인데, 1990년에 34억t쯤 배출하다가, 1998년을 보면 20억t으로 줄어들어 있다. 1990년 직후에 무슨 일이 있었을까? 냉전이 끝나고, 미국과 더불어 양강 국가 가운데 하나였던 소련이 1991년 말에 해체

되었다. 그러니 1992년 이후의 러시아는 이전의 소련과는 다른 국가이다. 따라서 1990년 소련의 배출량을 기준으로 삼는다면, 러시아 온실가스 배출량은 자연히 엄청나게 줄어든다. 러시아가 교토의정서 채택 시 1990년 대비 0% 감축이라는 조건을 받아들인 이유 중 하나가 이것이었다. 러시아에는 1990년이 배출량 최고점이니, 현재로서는 배출량을 더 늘려도 1990년 배출량을 넘기지 않기 때문에 여유 있게 의무를 지킬 수 있는 상황이었다.

그 밖의 온실가스 배출량 상위의 국가들은 거의 다 감축 실적이 좋지 않다. 특히 중국, 인도, 한국 등의 선발 개도국 중심으로 배출량이 엄청나게 늘어났다. 온실가스 순 감축을 중시하는 EU와 순 감축은 아니더라도 배출하는 양을 기존보다 점점 낮추고 있는 미국 등의 선진국들과 이제 개발해서 잘 살고자 하는 개도국들의 이해관계가 공유되는 부분이 적은 것이다. 이런 문제로 인해 파리협정이 결국 각국의 의지에 맡기는 형태로 귀결될 수밖에 없었다.

국가들의 책임 정도를 두고 발생하는 논의에서, 어느 순간부터 흥미로운 점이 발견된다. 'CBDR'은 UNFCCC와 교토의정서의 중요한 원칙이다. 기후변화에 대응하기 위해 모든 국가가 온실가스 감축의 공통적인 책임을 갖지만, 국가마다 책임의 정도가 다르다는 뜻이다. 즉, 선진국은 더 많은 책임이 있고, 개도국은 상대적으로 책임이 덜 하다는 의미를 지닌다. CBDR의 근거는 역사적 책임(historical responsibility)의 정도이다. 선진국들은 이전부터 화석연료를 많이 사용해왔고 이로 인해 잘 사는 나라로 자리 잡았는데, 개도국은 이제 선진국이 해왔던 것처럼 개발을 시작하니, 역사적 책임의 정도를 측정하기 위해서는 현재 배출하는 양만 볼 것이 아니라 오래전부터의 누적배출량을 따져봐야 한다는 개념이다. 그런데 그렇게 하니 이제는 대단히 흥미로운 결과가 나온다. 누적배출량으로 봐도 중국이나 개도국 총계가 그렇게 적지가 않다. 1850년부터 2010년까지의 누적배출량을 볼 때, 선진국과 개도국 비중이 52 대 48로, 거의 비슷해진 상황이 된 것이다. 선진국은 과거만큼은 배출하지 않기 위해 조처를 하고 있고 개도국들은 계속 배출하고 있으니, 어느 순간부터는 역사적 책임이라는 개념으로 선진국과 선발 개도국의 의무를 나누는 것이 다소 어려워진 셈이다. 중국이 과거보다 더 온실가스 감축에 참여적인 자세로 전향한 이유에는 이런 측면도 있다고 생각할 수 있겠다.

기후변화의 국가정치: 중국, 미국, 인도의 사례

지금까지 국제사회에서 논의되었던 기후외교의 사안을 간략히 다뤘고, 이제 개별국가들의 정치를 살펴보겠다. 파리기후체제에서는 각국이 자발적으로 목표를 세우고 주기적으로 보고해야 해서, 자국의 상황에 맞는 방식으로 목표를 설정해서 온실가스를 감축해야 한다. 하지만 개별국가에 문제의 해결을 맡겨 놓기에는 사안의 심각성이 너무 크다. 국가가 UNFCCC에 제출하는 대응계획을 국가결정기여(Nationally Determined Contribution, NDC)라고 하는데, 모든 국가의 NDC를 취합해보면 결국 2100년 즈음의 지구 평균온도는 산업화 시기 이전보다 2.9~3.4℃ 상승할 것으로 예측된다. 파리협정 목표인 2℃를 넘어가게 되며, IPCC가 긴급성을 담아 최근 발표한 1.5℃ 목표는 아예 불가능해진다. 그렇다면 어떻게 해야 하는지, 자국의 이익만 추구하는 국가들이 자발적으로 온실가스를 줄이고 기후변화 대응에 나서도록 만드는 어떤 틈새가 있는지, 각국의 상황에 비추어 볼 때 어떤 여지와 한계가 있는지에 대해 주요 국가별로 자세히 볼 필요가 있다.

먼저 중국을 살펴보자. 2016년 기준으로 중국은 세계 전체 온실가스 배출량 중 28%를 혼자 배출하는 국가이다. 배출량 세계 2위인 미국이 16%이고, 3위인 인도가 6%이니, 중국 한 나라에서 배출되는 온실가스는 실로 엄청난 양이다. 중국의 온실가스는 대부분 화석연료의 연소에서 나오며, 시멘트, 알루미늄,

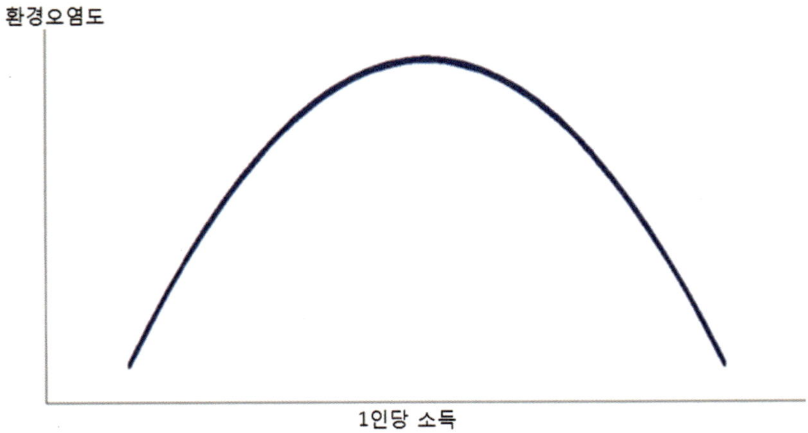

그림 3 환경 쿠즈네츠 곡선

철강 생산 등 산업부문의 요인도 크다. 그런데 세계 최대의 제조국이자 최대의 온실가스 배출국인 중국이 어느 순간부터 조금 변했다. 기존에는 개도국 그룹의 리더로서, 선진국만 감축 의무를 지니고 개도국은 더 개발할 권리를 지니며, 기후변화 대응의 비용은 모두 선진국이 내야 한다고 가장 강력히 주장해온 것이 중국이다. 하지만 후진타오 정부 때부터 서서히 입장을 완화하는 모습을 보이다가, 시진핑 정부에서는 풍력·태양광 같은 재생에너지 분야를 확실히 키웠고, 미세먼지 대책의 하나로 석탄 규제에 들어가면서 기후변화 면에서도 어느 정도 효과를 보게 되었다.

물론 중국의 온실가스 배출량은 여전히 과도하고, 지금보다 훨씬 더 많이 배출량을 줄이지 않으면 안 되니, 기후변화 문제에 있어 가장 관심을 두고 지켜봐야 하는 국가가 중국인 것은 분명하다. 하지만 중국의 온실가스 배출량을 생각할 때, 배출공간의 이동이라는 다른 측면을 같이 고려하지 않으면 안 된다. 경제학자 쿠즈네츠(Simon S. Kuznets)가 제시한 쿠즈네츠 곡선은 전형적인 역 스마일 형태를 지닌다. X축인 1인당 GDP가 어느 정도 수준에 이르기까지는 Y축인 소득 불평등이 점점 더 심해지지만, 1인당 GDP가 일정 수준을 넘어 국가가 어느 정도 잘살게 되는 순간부터는 불평등 정도가 점점 떨어진다는 것을 보여준다. 여기서 소득 불평등을 환경오염도로 바꾼 것이 환경 쿠즈네츠 곡선이다.

1인당 GDP가 어느 순간에 이르기 전에는 환경오염이 점점 더 심해지지만, 국가가 일정 수준 이상 잘살게 되면 환경오염은 오히려 줄어든다는 점을 시사한다. 선진국에 이 곡선을 적용하면 적실성을 지니기 때문에, 이런 사실에 기반을 두고, 근대화 수준이 높은 국가일수록 생태적으로도 건전하다는 '생태적 근대화(ecological modernization)'라는 담론도 등장한 바 있다. 환경 쿠즈네츠 곡선을 중국에 적용한다면, 중국 역시 현재는 온실가스를 엄청나게 배출하지만, 1인당 GDP가 어느 순간을 넘는 이후에는 자연히 배출량이 줄어들 것이라고 예상할 수 있다. 그렇다면 중국도 일정한 번영 수준에 이르면 온실가스 배출량이 점차 줄어들 테니, 전 지구적 기후변화 문제는 자연히 해결될 것인가?

중국이 온실가스를 많이 배출하는 가장 큰 이유는, 화석연료를 이용해서 많은 전기를 만들어 제조하고, 또 제조과정 자체에서도 많은 온실가스가 배출되기 때문이다. 중국에서 생산된 알루미늄, 철강, 시멘트, 석유화학제품 등은 내수에 쓰이는 것이 아니라, 대부분 선진국으로 수출되고 소비된다. 필자는 이런 구조를 '더러움의 외주화'라고 표현하고 싶다. 이는 현재 국제사회에서 국가 중심적·생산자 중심적으로 온실가스 배출량을 산정하기 때문에 감춰져 있는 문제이기도 하다. 온실가스가 제품 생산 과정에서 나오고, 제품 생산은 가치사슬 상 가장 비용이 적은 곳에서 이루어진다. 결국, 추출-유통-생산-소비 중 생산을 담당하는 국가만 온실가스 배출의 책임을 대부분 지게 되는 구조이다. 그렇다면 화석연료를 추출해서 파는 국가는 온실가스 배출이 없다는 이유만으로 책임을 면제받아도 될 것인가? 모든 더러운 과정은 외부에 맡기고 깨끗한 완제품만 받아서 소비하는 국가에는 책임을 묻지 않아도 되는가?

더러움의 외주화에 대해 더 생각해보자. 중국이 생산을 축소하여 온실가스 배출량을 급격히 줄인다면, 세계 온실가스 배출량도 급격히 줄어들까? 현재의 기술력과 생산방식이 그대로라면, 배출량은 감소하는 것이 아니라 이동할 것이다. 즉, 중국에서 줄어든 배출량은 인건비가 더 싸고, 환경규제가 더 적은 나라로 옮겨갈 것이다. 그러니 기후변화 현상은 항상 전 지구적 차원에서 생각해야 하고, 생산에서 비롯되는 온실가스뿐 아니라 화석연료의 추출, 제품의 유통, 그리고 소비의 측면을 모두 주시해야 한다. 이런 문제의식으로 인해, 비교적 최근에 나온 중요한 논의가 '지속 가능한 소비(sustainable consumption)'라는 개념을 둘러싼 것이다. 그동안은 화석연료를 덜 쓰는 '지속 가능한 생산(sustainable production)'에만 주목하여 공급 쪽의 규제만을 중시했는데, 더러운 생산이 외주화되면서 다른 나라로 계속 이동해가기 때문에, 소비 측면에서도 생산 쪽이 지니는 어려움을 나눌 필요가 있는 것이다. 이러한 전 주기적 문제를 생각하다 보면, 기후변화 대응이 얼마나 어려운 문제인지 다시금 상기하게 된다.

다음은 미국에 대해 살펴보자. 2001년 부시 대통령 때 미국은 교토의정서에 반대하여 탈퇴했고, 현 트럼프 대통령은 집권 직후 파리협정 탈퇴를 선언하였다. 두 공화당 대통령 모두 가장 중요한 국제사회의 기후변화 대응체제를 거부한 것이다. 세계 패권인 미국이 거부한 국제협약이 제대로 작동하기는 어렵다는 사실은 분명하다. 그렇다면 민주당 대통령 때는 미국이 기후변화 대응을 위해 적극적인 노력을 했을까? 대통령만 놓고 보면 그렇다고 할 수 있다. 클린턴 대통령은 화석연료에 높은 세금을 부과하려고 했었고, 기후변화정책의 전문가로 유명한 고어 부통령 역시 큰 노력을 기울여서 국제사회의 교토의정서 채택을 이끌고, 결국 의회 비준은 못 받았으나 미국의 교토의정서 가입문서에 서명을 한 바 있다.

부시 이후 오바마 대통령 때에는 더 가시적인 노력과 성과가 있었다. 오바마 1기는 금융위기 극복과 의료보험제 개혁에 가장 많은 신경을 썼다면, 2기에서는 재선에 대한 걱정이 없어지니 연방정부 차원에서 석탄발전소 규제를 하고, 중국과 손을 잡고 파리협정을 체결시키는 등 기후변화 문제에 많은 신경을 썼다. 그때 셰일 혁명의 결과가 가시화되어 발전 연료가 석탄에서 셰일가스로 상당 부분 전환되면서, 미국 내 온실가스 배출량이 실제로 많이 줄어든 성과도 나타났다. 하지만 그런데도, 이는 대통령과 행정부 차원의 노력이었다.

미국 의회는 공화당이든, 민주당이든 연방 차원의 기후변화 종합법의 채택에 부정적이거나 미온적인 자세를 계속 유지해 왔고, 의회에서 법을 제정하지 않으니 행정명령 수준에서만 대응할 수밖에 없는 한계를 보였다. 따라서 '부시나 트럼프 같은 공화당 대통령 때는 기후변화 대응 거부', '클린턴이나 오바마 같은 민주당 대통령 때는 기후변화 대응 충실'과 같은 단순한 도식화는 정확한 이해라고 보기 어렵다. 물론 현 트럼프 대통령이 확실한 기후 부정론자이고, 미국의 기후정책과 관련되는 주요 관료들 역시 대부분 대통령과 성향이 비슷한 것은 사실이다. 대통령이 기후변화 대응에 높은 관심을 가졌다고 해도 미연방 전체의 기후변화 대응은 생각처럼 쉽게 이루어지지 않는다는 점을 파악하는 것이 중요하다. 이를 위해서는 미국 민주정 및 공화주의의 특징과 그 수호조직인 의회를 깊이 이해해야 한다.

미국 웰슬리대학교 정치학과의 디솜브레(Elizabeth R. DeSombre) 교수가 쓴 『*Domestic Sources of International Environmental Policy*』라는 책이 있다. 제목 그대로 미국 국제환경정책의 국내적 원천을 다룬 것인데, 이 책의 핵심질문은 다음과 같다. 왜 미국은 어떤 국제환경협약은 비준하고, 다른 것은 거부할까? 예를 들자면, 왜 교토의정서는 거부했는데, 몬트리올의정서는 비준했을까? 전자는 국익에 손실이 일어나고, 후자는 국익에 도움이 되어 그렇다고 생각하는 것이 일반적이겠다. 하지만 디솜브레 교수는 대단히 독창적인 답을 내놓는다. 미국은 이미 해당 사안과 관련된 국내법을 완비한 경우에만 국제환경협약을 비준한다는 것이다. 이는 곧, 아직 관련 국내법이 없는 국제환경협약은 어떤 경우에도 수용을 거부한다는 뜻이다. 미국은 자국 밖에서 어떤 논의가 전개되든 개의치 않는다. 미국 내에서 다양한 이해관계를 지닌 구성원들 간의 합의가 끝나 법으로 채택이 되었다면, 그에 해당하는 국제협약도 비준하고 타국에도 받아들이라고 영향력을 행사한다. 하지만 국내 행위자들 간 합의가 끝나지 않아 법으로 제정되지 않았다면, 국제사회에서 어떤 설득을 하든 받아들이지 않는다는 발견이다. 세계 최강국 미국만이 가능한 일이다.

디솜브레 교수는 그 사례로 멸종생물 보호, 대기오염, 어종 보호에 관련된 다수의 국제환경협약 비준 과정을 살펴보고, 비준의 성공과 실패 이전에 국내법 채택의 여부가 관건이었다는 사실을 밝혀낸다. 미국은 민주주의 국가이고, 미국의 국내 환경법은 환경단체와 산업계 간의 절충과 합의가 이루어져야 제정된다. 즉, 이해관계가 첨예하게 대립하는 사안에 대해서는 반드시 '합의'를 거쳐야만 의회에서 법으로 제정되는 것이다. 다양한 행위자들 간의 격렬한 논쟁과 현실적인 타협을 통한 합의가 곧 법이라는 원칙, 이것이 곧 민주주의 및 공화주의의 정신이다. 그러므로 미국은 국내의 다양한 이익집단 간 절충이 이루어져 의회에서 관련 기후변화 대응법이 만들어지지 않는다면, 교토의정서나 파리협정 같은 국제법은 받아들이지 않는다는 결론이 나온다. 다시 말해서, 대통령이 기후대응에 충실히 하려고 의회에서 민주당이 다수파가 된다 해도, 국가의 전향이 이루어지기 위해서는 국내 구성원들 다수의 전향이 이루어져야 함을 의미한다. 이것이 민주정의 운영원칙이기 때문이다.

마지막으로 세계 3위의 온실가스 배출국인 인도에 대해 살펴보겠다. 인도를 이해하는 중요 키워드는 '기후 정의(climate justice)'와 '에너지 빈곤(energy poverty)'이다.

인도의 인구는 13억 6,000만 명으로 중국 다음 세계 2위이고, 인구증가율은 중국의 세 배쯤 되어, 곧 세계 1위로 올라설 예정이다. 그런데 인도는 매우 가난한 나라이다. 현재 세계 온실가스의 6%를 배출하고 있기는 해도, 국제사회에서 개발제한을 요구할 수 없을 정도로 인도는 여전히 너무 가난하다. 게다가 인도의 1차 에너지원에서는 바이오매스의 비중이 24%나 된다. 선진국에서는 화석연료가 주된 1차 에너지원이지만, 인도와 같은 가난한 개도국에서는 땔나무, 숯, 작물 잔여물, 동물배설물 등의 전통적인 바이오매스 비중이 국가 전체 에너지원의 1/4을 차지한다. 바이오매스도 재생에너지에 속하긴 하지만, 태양광·풍력 등과 달리 전통적인 바이오매스는 단지 가난해서 사용할 수밖에 없는 에너지원이다. 인도의 에너지 사정이 무척 안 좋다 보니, 에너지 빈곤에 시달리는 인구가 3억 명이 넘는다. 단지 에너지 사용에 지장을 받는다는 차원이 아니라, 전력, 난방, 조리용 에너지에 전혀 접근할 수 없는 인구가 그 정도 규모이다. 이렇다 보니 에너지 빈곤 또는 에너지 접근성이 인도 국가정책의 큰 화두이다.

인도의 기후변화정책은 이런 상황 속에서 진행되고 있다. 우선 국내적으로 보면, 에너지 빈곤을 해결해야 하지만 비용을 감당할 능력이 없다. 그러면 어떻게 해야 할까? 해외에서 지원을 받아 에너지원을 늘리는 방안, 즉 개발 협력을 통한 대외원조를 생각해 볼 수 있다. 이런 상황에서 기후변화는 인도에 중요한 기회를 제공한다. 교토의정서의 핵심 메커니즘 중 하나가 청정개발체제(Clean Development Mechanism, CDM)인데, 이는 선진국 또는 개도국이 개도국에서 온실가스저감사업을 하고, 그 성과를 배출권이라는 형태로 받아 자국의 감축 결과로 산정하게끔 허가한 제도이다. 그러니 선진국에서는 자국에서 온실가스를 줄일 수 없을 때, 인도와 같이 감축 사업의 여지가 많은 곳에 진출하고자 한다. 인도에서 태양광이나 풍력 사업을 통해 온실가스 감축 효과를 내면, 그것을 자국의 감축 실적으로 삼을 수 있다. 인도 처지에서 보면, 다른 국가에서 태양광·풍력 발전시설을 설치해주니 경제적으로 이득이고, 자력으로 해결 못 하는 에너지 빈곤까지 해결할 수 있으니 일거양득의 효과가 생긴다.

현 총리인 모디(Narendra D. Modi)는 태양광 CDM 사업 유치의 대표적인 인물이다. 모디는 구자라트주 총리로 재직하던 2001~2013년 인도 전체 CDM의 42%를 창출하는 성과를 올렸다. 덕분에 구자라트는 인도에서는 드물게도 전력보급률 90%를 넘기면서 태양광 주로 거듭났다. 이런 경험을 바탕으로 모디 정부는 태양광 산업 유치에 대단히 적극적이다. 모디는 이를 통해 인도의 에너지 접근성을 높이고자 한다.

인도의 기후변화정책은 에너지 빈곤의 타파와 밀접한 관련을 지닌다. 재생에너지와 함께 석탄발전도 적극적으로 육성하고 있다. 기후변화 대응보다는 에너지 빈곤의 해결에 더 초점을 맞춘 에너지 정책을 추진하고 있기 때문이다. 그러므로 인도의 재생에너지가 폭발적으로 증가하는 부분에만 주목하면 안 되고, 각 국가가 가진 문제의 본질적인 측면을 깊이 이해해야 할 필요가 있다.

인도에서 주목해야 할 다른 하나의 측면은 기후 정의이다. 인도는 UNFCCC 협상장에서 항상 일관적인 자세를 지닌다. 개도국은 선진국이 배출한 온실가스에 의해 피해를 보고 있으며, 선진국이 자국의 온실가스를 감축하는 것은 당연하고, 피해를 보는 개도국에 재정적·기술적으로 지원까지 해야 한다는 것이 인도의 한결같은 주장이다. 인도가 있는 남아시아 및 동남아시아 지역이 기후변화의 피해에 세계에서 가장 심각하게 노출된 곳이라, 이런 주장에 더욱 힘이 실리기도 한다. 가뭄은 더 부연할 필요도 없고, 홍수도 엄청나서, 2013년에 태풍 페일린이 인도 동부 벵갈 지역을 강타한 결과 크나큰 피해가 일어나기도 했다. 독일의 싱크탱크인 저먼와치(Germanwatch)에서 매년 발간하는 〈세계기후위험지수(Global Climate Risk Index)〉는 세계에서 가장 기후변화에 취약한 지역으로 남아시아, 동남아시아, 중남미를 꼽고 있다. 이 지수에 따르면, 2017년 가장 기후변화에 많은 영향을 받은 국가에 스리랑카(2위), 네팔(4위), 베트남(6위), 방글라데시(9위), 태국(10위), 인도(14위) 등 다수의 남아시아·동남아시아 국가들이 포함되어 있다(Germanwatch 2019, 6-7). 그러니 인도는 여전히 CBDR 원칙을 고수하면서, 개도국의 선두에 서서 선진국을 압박하는 역할을 자임하고 있다. 또한, 이러한 기회를 통해 기후 정의를 가시적으로 실현하고, 자국의 성장 기회로 삼고자 하는 것으로 볼 수 있다.

산출을 넘어 결과로

지금까지 세계 온실가스 다 배출국 1, 2, 3위의 상황을 간략하게나마 살펴봤다. 이를 통해 국가가 기후변화라는 문제에 대응할 때, 그 사정과 속내는 모두 다르다는 것을 알 수 있다. 그런데도 파리기후체제가 위로부터의 구속력이 아니라 개별국가들의 자발적 감축에 의존하고 있다는 사실을 전제한다면, 각 국가의 상황을 세밀히 이해하고 국제사회 차원에서 공동의 선을 창출할 수 있는 현실적인 방안을 찾는 것이 중요하다. 개별국가들이 가진 틈새를 찾아 전략을 만들어내고, 국제사회 차원에서 이를 최대한 장려할 수 있도록 제도적인 혁신을 계속해나가야 문제를 해결할 수 있다. 그리고 전략의 방향은 온실가스 배출량을 규제하고, 화석연료를 저탄소 에너지로 시급히 대체하며, 에너지 소비를 줄이면서 에너지 효율을 개선하고, 산림·토지 등 지속 가능한 탄소 흡수원을 보전·육성하는 것이 되어야 한다. 또한, 감축 실패의 막대한 비용과 전환 성공의 막대한 혜택에 대한 비용산정의 방식이 바뀌어야 할 것이고, 그에 따라 사회적·기술적 혁신에 대한 투자방식에도 근본적인 변화가 있어야 한다.

희망찬 전망을 이야기하기에는 현실이 매우 암담하다. 근본적으로 국가는 국제공동체의 선 보다는 자국의 이익에 더 충실한 존재이다. 그런 면에서 각 국가의 자발적 의지의 합이 기후변화의 위협을 막을 수 있는 수준에 도달하지 못한다면, 우리는 단지 어떤 제도를 산출했다는 사실에만 만족하면서 위험을 향해 돌진하는 형국이 될 수도 있다. 정책과정론에는 정책을 평가하는 기본적인 방식이 나오는데, 일반적으로 투입(input) 대비 산출(output)을 본다. 기후변화 대응 측면에서 파리협정은 산출이다. 교토체제의 발전을 논의하는 단계에서, 미국, 캐나다, 일본 등 주요 선진국의 탈퇴와 중국, 인도 등 주요 개도국의 감축 의무 거부로 인해 논의가 완전히 고착에 빠진 적이 있다. 2009년 UNFCCC 코펜하겐 당사국총회에서도 새로운 체제에 대한 합의에 못 이르자, 교토체제는 완전히 붕괴한 것이 아닌가 하는 의견도 나왔었다. 그러다가 미국과 중국이 합의하고, EU 등이 지속적인 의지를 보여준 결실로 파리기후체제가 탄생했다. 파리협정도 채택 그 이듬해에 예상보다 빨리 발효가 되었다. 얻지 못할 수도 있었던 산출물이었기에 국제사회는 환호했다. 물론 그럴만한 일이었고, 필자 역시 대단히 마음을 졸이고 보고 있었기에 그만큼 기쁨도 컸다. 미국의 또 한 번의 탈퇴를 보기 전이었다.

파리협정은 인류의 중요한 성취이다. 그렇지만 이것은 단지 산출이다. 우리는 산출을 넘어 결과(outcome)까지 도달해야 한다. 우리의 궁극적인 목표가 파리협정과 같은 제도를 만드는 것이 아니라는 뜻이다. 제도는 산출뿐이고, 산출은 결과를 이루기 위한 것이다. 파리협정을 왜 만들었는가? 온실가스를 줄여서 기후변화라는 크나큰 위협에 대처하고자 함이다. 그리고 우리와 우리의 후손이 기후변화로 인해 고통을 받거나 생존의 위협을 느끼지 않도록 예방하기 위함이다. 즉, 실질적인 목표를 달성하기 위해 규칙과 조직을 만든 것이다. 기후변화 대응을 위한 세계에서 가장 중요한 규칙과 조직이 붕괴하지 않고 존속되었다는 사실은 매우 다행스럽고 기쁜 일이지만, 이는 반드시 온실가스 감축이라는 실질적인 결과로 이어져야만 의미를 지닌다. 그러므로 파리협정이 발효되었다고 해서, 그리고 매년 말에 전 세계 거의 모든 국가가 모여 파리협정의 규칙을 조금씩 더 구체적으로 만들어간다고 해서, 이를 보며 마음의 위안을 얻거나 하는 것만으로는 부족하다. 온실가스 배출량이 실제로 줄어들고, 에너지 시스템이 저탄소 방식으로 전환되는 것이 무엇보다 중요하며, 이른 시일 안에 세계 주요 온실가스 배출국들이 현재 배출량의 절반 이하로 감축하는 데 성공해야 한다. 그러니 지금까지 나온 수많은 산출, 다시 말해서 규칙, 제도, 국가계획 등에도 관심을 두고 지켜봐야 하겠지만, 가장 중요한 것은 결과라는 점을 잊지 않아야 한다.

1 하지만 HFC는 교토의정서의 규제대상이다. 이것이 오존층 파괴는 하지 않지만, 기후변화의 주범 중 하나이기 때문이다. HFC와 함께 CFC를 대체한 과불화탄소(PFC)도 마찬가지로 심각한 기후변화를 일으키는 물질이다. 그래서 몬트리올의정서에서도 이를 규제하기 위한 행동이 이루어지고 있다.

참고문헌

김성진. 2016. '파리기후체제는 효과적으로 작동할 것인가?' 〈국제정치논총〉 56-2.

환경부. 2017. '한·미 공동연구결과, 미세먼지 국내영향 52%…. 국외보다 높아' 환경부 보도자료(7.19.).

Boykoff, Maxwell T. and Jules M. Boykoff. 2004. "Balances as Bias: Global Warming and the US Prestige Press." *Global Environmental Change* 14-2.

Cook, John, et. al. 2016. "Consensus on Consensus: A Synthesis of Consensus Estimates on Human-caused Global Warming." *Environmental Research Letters* 11-4.

DeSombre, Elizabeth R.. 2000. *Domestic Sources of International Environmental Policy: Industry, Environmentalists, and U.S. Power.* Cambridge: MIT Press.

Germanwatch. 2019. *Global Climate Risk Index 2019.* Bonn: Germanwatch.

Mitchell, Ronald B.. 2010. *International Politics and the Environment.* London: SAGE Publications.

NASA Global Climate Change. "Climate Change: How Do We Know?" https://climate.nasa.gov/evidence

The Guardian. 2019. "Why the Guardian Is Changing the Language It Uses about the Environment." https://www.theguardian.com/environment/2019/may/17/why-the-guardian-is-changing-the-language-it-uses-about-the-environment

Ward, Daniel S. and Natalie M. Mahowald. 2014. "Contributions of Developed and Developing Countries to Global Climate Forcing and Surface Temperature Change." *Environmental Research Letters* 9-7.

제8장

결론: 기후 행동을 위한 과학과 정치

정진영 경희대학교 국제학과 교수

기후변화가 걷잡을 수 없는 상태로 빠져드는 것을 막기 위한 다양한 행동들을 기후 행동(Climate Action)이라 부른다. 유엔 지속가능개발목표를(SDGs) 중에서 13번째 목표이기도 하고, 구테헤스 유엔사무총장이 2019년 9월 유엔 본부에서 개최하는 정상회의의 명칭도 '2019 기후행동정상회의'이다. 파리기후협약은 2100년까지 지구온난화를 2℃ 이내로 억제하는 것을 목표로 하고 있다. 이를 달성하기 위해서는 이산화탄소 배출량을 2010년을 기준으로 2030년까지 25%를 줄여야 하고, 2070년까지 '순배출 제로(net zero emissions)'를 만들어야 한다.

2018년 10월 인천 송도에서 개최된 IPCC 특별회의는 지구온난화를 2℃가 아니라 1.5℃ 이내로 억제해야 한다고 권고했는데, 이를 위해서는 이산화탄소의 배출을 2030년까지 2010년 대비 45%를 감축하고, 2050년까지 순배출 제로를 만들어야 한다. 그런데 파리기후협약에 따라 각국이 자발적으로 감축하기로 한 약속을 모두 이행한다고 해도 지구온난화는 금세기 말에 산업화 이전 대비 3.2℃까지 상승할 것이다. 지금과 같은 수준으로 - 이른바 Business as Usual(BAU) 시나리오 - 이산화탄소를 계속 배출하면 지구온난화는 금세기 말에 4.3℃까지도 올라갈 것이라 예상된다. 건잡을 수 없는 기후변화의 경로로 접어들게 되고, 지구는 인간이 살 수 없는 곳으로 변해가는 것을 막을 수 없는 상태가 도래하게 된다.

그렇다면 어떻게 해야 지구온난화를 2℃나 1.5℃로 이내로 억제할 수 있을 것인가? 인간이 거주하기에 적합한 아름다운 행성 지구를 인간이 지속해서 거주할 수 있는 공간으로 남기려면 무엇을 어떻게 해야 하는가? 지구온난화의 진전에 따라 예상되는 다양하고 엄청난 피해를 막고 줄이려면 인류는 도대체 지금 어떻게 행동해야 하는가? 이 질문에 대한 지금까지의 과학적·정책적 논의는 세 갈래로 정리된다. 온실가스의 배출량을 줄이거나, 이미 배출된 온실가스를 포집해서 매장하는 등의 방법으로 대기 중의 온실가스 농도를 줄이거나, 태양에서 지구로 오는 태양열 에너지 자체를 부분적으로 차단하는 등의 방법이다. 이러한 방법들이 현실 정치의 장에서 가능해지려면 무엇을 어떻게 해야 하는가? 기후 행동을 위한 정치에 관한 논의는 정부, 사회, 개인의 차원으로 나누어 정리해 볼 수 있다. 이 장에서 우리의 목표는 기후 행동을 위한 과학과 정치의 영역에서 이루어지고 있는 주요한 논의들을 간단히 정리해서 소개함으로써 독자들이 기후변화를 막기 위해 무엇을 어떻게 해야 할지에 대한 안내를 제공하는 것이다.

화석연료에 기초한 인류 문명이 지구를 인간이 살 수 없는 곳으로 만들고 있다면, 이러한 인류 문명은 지속될 수 없다. 2015년 유엔이 채택한 SDGs는 이러한 현실을 직시하고, 지구상에서 인간이 살아가는 삶의 방식을 근본적으로 바꿀 것을 권고하고 있다. 지속 가능한 문명사회로 전환하라는 권고이다. 역시 2015년 UNFCCC COP21에서 채택된 파리기후변화협약은 지구온난화가 산업화 이전 대비 2℃ 이상으로 올라가면 건잡을 수 없는 기후변화가 도래할 것이기 때문에 이런 사태가 도래하는 것을 막아야 한다는 과학적 합의에 기초하고 있다. 그러면 지구온난화를 막기 위한 과학적 방법들로는 어떤 것들이 논의되고 있는지 살펴보자.

온실가스 배출의 감축

온실가스의 배출이 지구온난화의 주범이라면, 온실가스의 배출량을 줄이고, 더 나아가 이를 중단하는 것이 지구온난화 대책의 핵심이 될 수밖에 없다. 그런데 온실효과를 초래하는 가스 중에서 단연 으뜸이 전체 온실가스 배출량의 76%를 차지하는 이산화탄소이다.[1] 따라서 기후변화를 막기 위한 가장 중요한 대책은 곧 이산화탄소 배출량을 줄이는 것이다. 이를 위해서는 화석연료의 사용을 감축하고 중단해야 한다. 여기에는 두 가지 방법이 중요하다. 에너지 전환과 에너지 효율의 증대이다.

첫째, 에너지 전환이다. 지구온난화의 주범인 화석연료(석탄, 석유, 천연가스)의 사용을 감축해서 중단하고, 이를 대신해서 온실가스 배출이 없는 (신)재생에너지(수력, 풍력, 태양광 등) 또는 원자력으로 에너지원을 전환하는 것이다.[2] 최근 에너지 전환의 대표적인 추세는 화석연료 대신 태양광이나 풍력을 이용한 전기 생산이다. 국제에너지기구(IEA)의 통계에 따르면 2010년 이후 신규발전설비에 대한 투자는 태양광이나 풍력 같은 신재생에너지를 이용하는 발전에 대한 투자가 석탄과 가스 같은 화석연료 발전에 대한 투자를 능가하고 있다. 이러한 추세는 앞으로 가속될 것으로 전망된다. 무엇보다도 태양광과 풍력을 이용한 전력생산의 단가가 크게 하락했고, 앞으로도 하락할 것으로 예측되기 때문이다.

태양광 발전의 잠재력은 무한하다. 태양으로부터 지구로 오는 에너지의 양은 인류 전체가 필요로 하는 에너지의 수천 배에 이른다(IEA 2011, pp 31~32).

물론 태양광 발전을 지구상 어디서나 할 수 있는 것은 아니다. 태양광 발전의 효율성과 발전 단가를 고려해야 하기 때문이다. 태양광 패널의 가격은 급속히 하락해서, 2010~2017년 사이 세계 전체적으로 평균 73%가 하락했다고 한다. 태양광 패널의 효율성도 계속 개선되고 있다. 지금은 20% 정도지만 머지않아 두 배 정도로 증가할 것으로 예상된다. 태양광 발전의 단가는 패널의 가격과 효율성, 토지 및 설치의 비용에 따라 영향을 받는다. 따라서 나라마다, 지역마다 전력생산의 단가가 다르다. 그렇지만 대체적인 추세는 2020년대 초반에 태양광 발전의 단가가 보조금 없이도 화석연료와 경쟁할 수 있는 단계에 이를 것으로 전망되고 있다(IRENA 2018, pp 32~35).

풍력 발전의 잠재력이나 입지 조건은 태양광 발전보다 많이 뒤처진다. 그렇지만 풍력 발전의 잠재력도 인류가 필요로 하는 전력 수요의 총량보다 수십 배 크다고 한다. 지구의 자전과 대기 온도 차이에 따라 발생하는 풍력 발전의 잠재력은 그 총량이 1,873TW에 이르며, 지표면 가까이서 가능한 풍력 발전의 잠재량도 428TW에 이른다고 한다. 인류가 사용하는 전력의 총량인 18TW에 비하면 훨씬 많은 양이다(Marvel et al 2012, Peterson 2017). 풍력 발전을 위한 기술도 나날이 발전하고 있다. 2010년 이후 풍력 발전의 단가가 20% 이상 하락했다. 풍력 발전은 바람의 속도에 따라 큰 영향을 받는다. 바람의 속도가 2배 증가하면 잠재적 발전량은 8배 증가한다. 따라서 풍력 발전은 위치에 영향을 많이 받는다. 현재 풍력 발전이 가장 활발히 이루어지고 있는 지역은 유럽 부부의 발트해와 북해 지역인데, 이곳에만 6.4GW의 발전용량을 가진 1,300여 개의 풍력발전기가 설치돼 있다.

태양광과 풍력을 이용한 발전의 잠재력과 관련 기술의 발전 속도에 비추어 볼 때, 환경정책의 대부로 불리는 레스터 브라운(Lester Brown 2015)이 말하듯, '신재생에너지 혁명'이 많은 사람이 생각하는 것보다 훨씬 빨리 일어날 수 있을 것이다. 어느 정도의 시간이 지나간 이후 지금의 시대를 뒤돌아보면, 아마 신재생에너지 혁명이 우리가 사는 지금 이 시대에 벌써 시작됐었다고 평가할지도 모른다. 하버드대학교의 마라 프렌티스(Mara Prentiss 2015)는 2015년에 출간된 『에너지 혁명(Energy Revolution)』에서, 앞으로 50년 이내에 모든 에너지를 신재생에너지로 충당하는 시대가 도래할 수 있다고 주장했다. 한 과학적 연구에 따르면, 태양광이나 풍력 발전에 적합한 지역은 지표면의 3.5%, 해수면의 2.2%, 그리고 건물의 지붕과 벽의 20~30% 정도가 될 것으로 추정된다. 여기에 태양광 모듈의 효율성이 15~35%까지 향상될 것으로 전제하면, 이 두 가지 에너지원만으로도 인류가 필요로 하는 전기 에너지를 모두 얻을 만하다고 한다(Deng et al. 2015).

물론 인류가 어떤 한두 가지의 에너지원에 100% 의존할 수는 없다. 어떤 에너지원이든 고유의 한계와 위험을 안고 있기 때문이다. 따라서 에너지 전문가들은 다양한 에너지원을 적절히 혼합하여 안정적인 에너지 공급을 가능하게 해주는 '에너지 믹스(Energy Mix)'라는 개념을 사용하여 에너지 정책의 대안을 제시하고 있다. 이렇게 볼 때 기후 행동을 위한 에너지 정책은 온실가스의 배출을 최대한 줄이거나 차단하는 에너지 믹스를 찾는 일이라고 할 수 있다. 이런 관점에서 기후 행동을 위한 원자력 발전의 유용성을 주장하는 사람들도 있다.

둘째, 에너지 효율의 증대이다. 기후 행동의 관점에서 볼 때, 에너지 효율의 증대도 에너지 전환 못지않게 중요하다. 같은 양의 부가가치를 생산하는 데 적은 양의 에너지를 사용할 수 있다면, 결국 에너지 사용을 줄이고 온실가스의 배출도 줄일 수 있기 때문이다. 이러한 현상을 설명하는데 유용한 개념이 곧 '에너지 집중도(Energy Intensity)'인데, 대개 GDP 1,000달러를 생산하는데 사용되는 에너지의 양을 '석유환산톤(TOE)'으로 표시한 수치이다. 따라서 에너지 집중도의 값이 줄어들면 에너지 효율이 그만큼 증대하는 것을 의미한다. 국제에너지기구(IEA)의 에너지 소비 시나리오에 따르면, 현행 정책을 그대로 유지할 경우 2040년에 일차에너지 총 소요량(TPED)은 19,328Mtoe에 이를 것으로 전망되고 있다. 파리협약에 따른 각국 정부의 노력을 반영한 '신정책시나리오'에서는 17,715Mtoe로 줄어들고, 지속가능개발시나리오를 추구하면 13,715Mtoe로 더욱 줄어든다. 에너지 집중도를 2017년을 기준(100)으로 해서 환산해 보면, 현행 정책 시나리오에서는 2040년에 64로 줄어들고, 신정책시나리오에서는 58로 줄어들며, 지속 가능 개발시나리오에서는 45로 줄어든다(IEA 2018, p 246).

에너지 효율의 증대는 에너지를 사용하는 주요 부분에서 모두 이루어지고 있다. 수송부문에서는 자동차 엔진 성능의 향상, 하이브리드나 전기 자동차 증대를 통해 에너지 소비와 온실가스 배출을 감축할 수 있다. 빌딩과 가전 부문에서는 단열재 시공 등으로 건물의 열 손실을 차단하고, LED 전등으로의 교체, 열펌프 설치, 디지털 기술을 통한 에너지 제어, 에너지 효율이 높은 가전제품 개발 등이 모두 에너지 효율을 높이는데 기여할 수 있다. 산업부문에서도 에너지 효율적인 기계, 철과 금속 제품의 재활용, 폐열의 이용 등을 통해 에너지 효율을 향상할 수 있다.

대기 중 이산화탄소의 제거

지구의 대기권, 바다, 육상, 땅속(지권)에는 각각 엄청난 양의 탄소가 다양한 형태로 저장돼 있다. 그리고 이들 사이에는 탄소의 순환이 이루어지고 있다. '탄소 저장고(Carbon Reservoir)'에 비유해서 말하자면, 탄소는 한쪽 저장고에서 다른 쪽 저장고로 옮겨 다닌다. 예컨대, 화석연료를 연소시키면 땅속 저장고의 탄소가 대기권 저장고로 옮겨가고, 대기 중의 탄소가 바닷물에 녹아들면 대기권 저장고에서 바다 저장고로 탄소가 옮겨가는 것이다. 이러한 탄소 사이클을 고려하면, 대표적인 온실가스인 대기 중의 이산화탄소 농도를 줄이는 다양한 방법들을 생각해 볼 수 있다. 과학자들이 '역배출(Negative Emissions)' 또는 '이산화탄소 제거(Carbon Dioxide Removal, CDR)'라고 부르는 기술들을 사용하여, 대기 중의 이산화탄소를 육상이나 바다, 땅속의 저장고로 옮기는 방안들이다. 여기에는 크게 보아 두 가지 종류의 방안이 있다. 우선 직접적인 방안으로, 대기 중의 이산화탄소를 '직접 포착(Direct Air Capture)'해서 제거하는 방법이다. 다음으로 간접적인 방안으로, 육지나 바다의 생태계가 대기 중의 이산화탄소를 더 많이 흡수(Sink)하도록 함으로써 대기 중의 이산화탄소 농도를 줄이는 방법이다.[3]

직접적인 방안은 대기 중에 있는 이산화탄소를 화학적 또는 전기화학적으로 직접 포착하여 땅이나 바닷속에 저장하는 방법이다. 여기에는 이산화탄소를 흡착하는 거대한 화학적 스펀지를 만들어 바람이 잘 부는 곳에 설치하거나, 공기를 흡입하는 거대한 기계장치를 만들어 흡입된 공기 중의 이산화탄소를 분리해 저장하는 등의 방법이 있다. 이 방법은 숲이 대기 중의 이산화탄소를 제거하는 것에 비유하여 '인조 숲(Synthetic Forest)'이라 불리기도 한다. 자연 숲보다 토지의 면적당 효율은 훨씬 높을 수 있지만, 인조 숲을 작동시키기 위해서는 어떤 단계에서 에너지를 사용해야 하는 단점이 있다. 또 다른 방법으로는, 알칼리성 미세물질을 구름에 뿌려 비를 통해 대기 중의 이산화탄소를 포착한 다음에, 이 빗물이 바다로 흘러 들어가 결국 대기 중의 이산화탄소가 바다에 저장되도록 하는 효과를 거두는 방법과, 대기 중 이산화탄소를 광물 속에 고정할 수 있는 성질을 가진 사문석이나 감람석과 같은 특수한 광물을 이용하여 이산화탄소의 광물고정화 속도를 증가시키는 방법 등이 있다.

간접적인 방안은 육지와 해양 생태계의 도움을 받아 대기 중의 이산화탄소를 제거하는 방법이다. 쉽게 생각할 수 있는 대표적인 방법이 나무를 심어 숲을 가꾸는 것으로, 녹색식물의 광합성 작용을 이용하여 대기 중의 이산화탄소를 제거하는 방법이다. 숲의 이산화탄소 흡수 능력은 숲을 구성하는 나무의 종류와 나이, 기후환경에 따라 많은 차이가 난다. 흔히 지구의 허파로 불리는 아마존 열대 우림은 그 넓이가 대략 550만㎢(5.5억Ha)에 이르고, 연간 이산화탄소 흡수량은 14억~20억t에 이르는 것으로 추정된다. 이곳에서 전 세계가 화석연료 사용으로 배출하는 총량의 10% 정도가 흡수되는 것으로 알려져 있다.[4] 그런데 숲을 이용한 이산화탄소 제거는 한 가지 중요한 문제를 안고 있다. 나무를 소각하거나 나무가 죽어서 썩으면, 나무에 함유돼 있던 탄소가 다시 대기 중으로 배출되기 때문이다. 아마존의 경우, 나무들이 썩어 묻혀 있는 토양에 풍부한 유기질 탄소가 미생물을 통한 분해 등의 다양한 경로로 다시 대기 중으로 배출되는 양이 심지어 아마존의 이산화탄소 흡수량과 맞먹는다는 보고까지 존재한다. 따라서 나무에 포착된 탄소를 매우 장기적으로 안정적으로 보관할 방법이 있어야 숲의 이산화탄소 제거 기능을 활용할 수 있다.

오늘날 우리가 사용하는 화석연료는 3억 년쯤 전에 지상의 나무 등이 땅속 깊이 묻혀서 만들어진 것이다. 이와 유사한 원리를 이용하는 방법이 곧 나무를 열분해시켜 일종의 숯인 '바이오차(Biochar)'를 만드는 것이다. 바이오차에 갇혀있는 탄소는 오랫동안 분해가 잘되지 않기 때문이다. 물론 죽은 나무를 땅이나 바닷속 깊은 곳에 매장하는 방법도 도움이 된다. 나무를 태워 열을 사용하되 이 과정에서 나오는 이산화탄소를 포집하여 저장하거나 다른 연료로 만들어 사용하는 기술을 병행해서 적용하는 것도 이산화탄소 감축에 도움이 된다. 이는 바이오 연료 전체에도 적용되는 기술이다. 육지나 바다의 식물을 이용하여 바이오 연료를 만들고, 이를 탄소 포착 및 저장/활용 기술과 결합하여 사용하면 대기 중 이산화탄소 농도를 줄이면서 재생 가능한 에너지를 생산할 수도 있다.[5]

해양 생태계를 이용하여 대기 중의 이산화탄소를 제거하는 간접적인 방법도 있다. 식물성 플랑크톤의 광합성을 이용하는 방법이다. 바다의 환경을 식물성 플랑크톤이 잘 자랄 수 있게 만들어 주면, 대기 중의 이산화탄소를 더 많이 제거할 수 있다. 이를 위해 바다에 철, 질소, 인과 같은 미량 영양소를 공급해서 바다를 비옥하게 하거나, 영양이 풍부한 심해수를 바다 표면으로 끌어 올리는 방법 등을 사용할 수 있다. 식물성 플랑크톤이 흡수하여 저장한 이산화탄소는 동물성 플랑크톤, 물고기를 거쳐 일부는 다시 대기 중으로 환원되고, 대부분은 식물성 플랑크톤의 사체에 갇혀 바다 밑으로 가라앉아 저장된다. 바닷가의 맹그로브숲이나 습지, 해변식물 서식지의 확대도 육지의 숲과 마찬가지 역할을 할 수 있다.

대기 중의 이산화탄소가 바닷물에 잘 흡수되도록 하는 방법도 있다. 바다는 육지에서 발생하는 이산화탄소와 열의 거대한 저장고다. 인류가 배출하는 이산화탄소의 25%, 열의 90% 정도가 바다에 흡수된다. 이렇게 볼 때, 바다는 지구 시스템 기온을 조절하는 거대한 저장고다. 그런데 바다가 대기 중의 이산화탄소를 흡수하는 정도는 대기와 바다의 이산화탄소 농도 차이에 의해서 결정된다. 따라서 바다 표면에 알칼리성 이온을 뿌려 바닷물의 이산화탄소 농도(산성도)를 줄이면 바다의 이산화탄소 흡수율을 높일 수 있다. 또한, 표층수에 함유된 이산화탄소를 제거하거나 바닷속으로 가라앉히는 기술도 같은 효과를 낼 수 있다. 그런데 위에서 설명한 대기 중의 이산화탄소를 직접적으로나 간접적으로 제거하는 다양한 기술들은 긍정적인 효과에 못지않게 부정적인 부수효과들도 수반한다. 예컨대, 대기 중의 이산화탄소를 직접 포착하는 방법은 막대한 에너지를 사용해야 하는 문제와 더불어 포착된 이산화탄소의 안전한 처리 문제를 안게 된다. 또한, 화학물질들을 사용하게 되면, 그에 따른 생태계 피해도 발생할 수 있다.[6]

해양에 이산화탄소의 흡수가 증가하면, 해양 산성화에 따라 다양한 피해가 발생할 수 있다. 이러한 점을 고려할 때, 대기 중의 이산화탄소 제거 기술들의 발전이 지구온난화 문제를 해결해 줄 것이라는 기대가 지나쳐서는 안 된다. 더욱이 이러한 기술들의 발전에 대한 기대가 온실가스 배출을 감축하기 위한 노력을 게을리하게 만드는 구실이 된다면, 인류에게 큰 낭패를 초래할 수 있다. 따라서 이산화탄소 역배출 기술들은 다급한 지구온난화 문제 해결을 위한 보완적인 수단으로만 인식돼야 한다.

지구공학

지구온난화를 막기 위한 기술적 방법 중에서 가장 많은 논란의 대상이 되는 것이 흔히 '지구공학(Geoengineering)' 또는 '태양지구공학(Solar Geoengineering)'이라고 불리는 방법들이다.[7] 태양의 빛 에너지가 지구를 따뜻하게 만드는 것 자체를 제한함으로써 지구온난화를 막거나 완화하는 방법이다. 이를 위해서는 지구로 오는 햇빛 일부를 성층권에서 차단하거나 지표면이나 대기중에서 우주로 반사시켜야 하는데, 여기에는 현재 세 가지의 공학적 방법이 유력하게 제안되고 있다.

첫째, 지표에서 10～50㎞ 상공에 있는 성층권에 햇빛을 잘 반사하는 성질을 가진 입자를 분사하는 방법이다. 1991년 필리핀의 피나투보(Pinatubo) 화산 폭발 때 2,000만t의 이산화황이 성층권으로 분출됐는데, 이로 인하여 지구로 오는 햇빛의 10%가 차단되고, 지구의 평균기온이 0.5℃ 떨어진 적이 있었다. 지구공학의 첫 번째 방법은 바로 이 원리를 이용하는 것이다. 즉, 성층권에 햇빛을 잘 반사하는 황산염과 같은 물질로 만들어진 미세입자를 분사하여 지구로 오는 햇빛을 우주로 반사하는 방법이다. 이러한 방법의 구현에 연구를 집중하고 있는 하버드대학교의 키스(David Keith) 교수가 이끄는 연구팀은 미국 국립해양대기관리청(NOAA)과 함께 2019～2020년에 미국 애리조나 사막에서 이를 위한 실험을 한다고 밝혔다.[8] 지상 20㎞의 성층권에 햇빛을 잘 반사하고 인체에 해가 없는 것으로 알려진 탄산칼슘 미세입자 1kg을 가로 1km, 세로 100m의 넓이로 분사한 다음, 지구로 오는 햇빛의 감소량과 지구 온도의 변화를 측정하겠다는 것이다. 이 실험이 성공적인 것으로 판명되면, 지구공학에 대한 신뢰와 기대가 크게 높아질 가능성이 있다.

둘째, 에어로졸(Aerosol, 미세입자)의 지구 냉각기능을 활용하여 지구온난화를 막는 공법이다. 에어로졸은 대기 중에 부유하는 고체 또는 액체상의 매우 작은 입자(0.001~100㎛)를 가리키는데, 다양한 미세입자를 매개로 자연적으로 발생하며, 그 자체로 햇빛을 산란시키고 흡수함으로써 기온을 떨어뜨리는 효과가 있다. 구름 형성을 촉진하는 응결핵으로도 작용하여 햇빛을 차단하거나 비를 내리게 하여 역시 지구를 냉각시키는 효과를 발휘하기도 한다. 프란쯔 오이스테(Franz Oeste) 교수와 그의 동료들은 에어로졸에 의한 지구의 자연적 냉각기능을 강화해 지구온난화를 막는 방법으로, 산화철 미세입자를 바다의 연무(해염)와 결합해 만드는 '철해염 에어로졸(Iron Salt Aerosol, ISA)'을 지상 1km의 상공에 분사하는 방법을 제안하고 있다(Oeste et al 2017).[9] 이렇게 하면 대기 중의 온실가스를 제거할 수도 있고, 육상과 해상의 광합성도 촉진하는 등 다양한 방법으로 지구온난화를 막을 수 있다고 주장한다. 그들의 표현을 빌리자면, ISA가 '기후변화를 되돌릴 수 있는 가장 경제적이고, 안전하며, 쉽고 빠른 기여'하는 방법이라고 한다.

셋째, 북극의 바다 얼음이 녹는 것을 막고, 나아가 이를 복원하는 방안으로 분말로 된 미세하고 투명한 유리구슬(Hollow Glass Beads)을 북극지방의 얼음 위에 뿌리는 방법도 거론되고 있다(Field et al 2018). 북극의 바다 얼음이 녹으면 지구에 도달한 햇빛을 우주로 반사하는 기능이 감소하고 지구온난화가 가속화될 것이다. 더욱이 북극지방의 온난화가 계속되면, 주변 바다의 해저와 영구동토층에 갇혀 있는 메탄이 분출될 위험이 증가한다. 걷잡을 수 없는 지구온난화를 촉발할 수 있는 위험요소이다. 북극의 얼음이 녹으면 해수면이 수십 미터까지 상승할 수도 있다. 이 책의 제4장에서 분석하고 있는 것처럼, 북극지방의 온난화는 '북극진동'을 약화하고 제트기류의 변동을 가져와 북반구 중위도 지역의 날씨에 엄청난 영향을 미칠 수 있다. 우리나라나 미국, 유럽에서 최근 흔히 나타나고 있는 여름철 폭염과 겨울철 혹한이 모두 지구온난화에 따른 북극지방의 온난화로 초래되는 기후변화 현상이다. 따라서 북극의 바다 얼음을 보호하고 복원하는 것이 지구온난화와 기후변화를 막는 데 크게 이바지할 수 있는 기후 행동이다. 이 방법을 제안하고 있는 스탠퍼드대학의 필드(Leslie Filed) 교수를 비롯한 연구자들은 이것이 가장 안전하고 소프트한 지구공학 방법이라고 주장한다.[10]

이러한 지구공학적 방법들에 대해서는 찬반 의견이 매우 심하게 대립하고 있다. 찬성하는 사람들은, 인류가 온실가스 배출을 급격히 줄이는 것이 불가능한 현실에서, 더 이상의 지구온난화를 막거나 이를 역전시키는 방안이 지구공학에서 찾아질 수 있다고 주장한다. 따라서 화석연료의 사용을 최대한 줄여나가되 지구공학적 방법들에 관한 연구와 실험도 병행해 나가야만, 인류와 지구에 최악의 상황이 닥쳐오는 것에 대비할 수 있다는 주장이다.

이에 비해 지구공학적 시도들에 반대하는 사람들은 이를 매우 위험하다고 생각한다. 두 가지 이유 때문이다. 하나는 지구공학적 방법들이 지구의 기후시스템에 미칠 수 있는 다양한 효과들에 대한 예측이 불가능하다는 것이다. 지구의 기후시스템은 매우 다양한 요소들의 복잡한 연계 속에서 작동하는데, 햇빛을 차단하는 등과 같은 방법이 어떤 예상치 못한 결과를 초래할지 모른다는 것이다.[11] 피나투보 화산 폭발로 지구의 평균기온이 이후 3년 동안 0.5℃ 하락했지만, 남아시아와 아프리카는 최악의 가뭄 피해를 입었던 것이 좋은 예다.

또 다른 반대 이유는 지구공학적 방법들은 생명 연장술과 같아서 한번 의존하게 되면 계속해서 의존할 수밖에 없다는 것이다. 지구온난화를 지구공학으로 쉽게 해결할 수 있다면, 나무를 심고 화석연료의 사용을 중단해야 한다는 등의 기후 행동의 호소력이 상실될 것이다. 그 결과 대기 중 이산화탄소 농도는 더욱 높아지고, 바다의 산성화도 더욱 가속될 것이며, 지구상의 많은 생물이 멸종하는 추세도 계속될 것이다. 요컨대, 지구공학에 대한 지나친 기대나 의존은 바람직하지 않다는 것이다. 강력한 지구공학적 방법을 제안하고 있는 키스(Keith 2019) 교수도 지구를 보호하기 위한 다양한 시도들이 병행돼야 한다고 주장한다.: "나의 희망은 배출 감축, 태양지구공학, 탄소 제거가 함께 작동해서, 기후변화가 인류와 환경에 미치는 영향을 배출 감축만으로 가능한 것 이상으로 축소할 수 있도록 하는 것이다."

기후 행동을 위한 정치

지구온난화가 인간의 활동 때문이라는 것을 알고, 이를 막아야 한다는 경종이 울리기 시작한 지도 벌써 25년 이상 지났다. 유엔기후변화협약이 만들어지고, 온실가스 감축을 위한 국제적인 노력이 이루어져 왔지만, 온실가스 배출은 그 이후에도 지속해서 증가해 왔다. 이에 따라 지구온난화도 계속됐다. 최근 뉴욕메거진의 부편집장인 왈라스 웰스(David Wallace-Wells)가 『인간이 살 수 없는 지구』라는 책을 출판하여 지구온난화 문제에 다시 경종을 울리고 있는 이유도 여기에 있다. 그는 자신의 책이 1960년대 초에 출판된 레이첼 카슨의 『침묵의 봄』처럼 인류에게 경종을 울리는 역할을 해주기를 기대했다. 인간이 생각하는 것보다 훨씬 빠른 속도로 진행되고 있는 기후변화에 대해서 다시 한 번 요란한 경종을 울리고 싶어 한다.[12] 왈라스 웰스가 경고하는 것과 같은 일이 지구에 일어나지 않도록 하려면, 인간이 바뀌고 사회가 바뀌고 정치가 바뀌어야 한다. 왈라스 웰스는 특별히 정치변화를 강조한다. 정치는 '도덕적 승수 효과(Moral Multiplier)'를 통해 개인이 할 수 없는 결과를 만들어 낼 수 있기 때문이다. 개인들이 각성해서 자동차 사용을 줄일 것을 기대하는 것보다, 정부가 나서서 휘발유 가격을 올리거나 자동차의 연비를 개선하는 규제를 강화하는 것이 훨씬 더 효과적이라는 얘기다. 그러나 정부가 이러한 정치적 결정을 하려면 개인들이 바뀌어야 한다. 개인이 바뀌지 않으면 정치가 바뀌는 것을 기대하기 어렵기 때문이다. 결국, 개인, 사회, 정부 차원의 변화는 서로 긴밀히 연관돼 있다. 그렇지만 각각의 차원과 관련해서 논의되고 있는 기후 행동의 대안들에 대해서는 나누어서 살펴볼 수 있다.

정부 차원

정부 차원의 기후 행동으로 가장 많은 주목을 받는 이슈는 두 가지이다.

하나는 에너지 전환 정책이다. 파리기후변화협약의 준수를 위해서도, 국내 환경문제에 대한 대처를 위해서도 에너지 전환은 중요하다. 그리고 이 문제는 결국 에너지 전환의 수준과 속도를 어느 정도로 할 것인가 하는 데 있다. 즉, 태양광과 풍력과 같은 신재생에너지의 비중을 그 나라의 에너지 믹스에서 얼마나 빨리 상승시킬 것인가의 문제이다. 기후 행동을 위해서는 에너지 전환을 서둘러야 하지만, 여기에는 저항이 따른다. 기존의 에너지 산업에 막대한 투자가 이루어져 있고, 새로운 에너지원으로의 전환에도 막대한 투자가 필요하기 때문이다. 태양광이나 풍력 발전은 그 나라의 지리 및 기후 조건으로부터 영향을 많이 받기도 한다.

에너지 전환의 모범적 국가로 불리는 독일은 2000년에 제정된 '재생에너지법'과 2002년에 제정된 '탈원전법'을 통해 독일의 전원 믹스를 급격히 전환해 왔다. 그 결과 오늘날 재생에너지의 비중이 33%에 이르렀다. 이러한 에너지 전환에 대한 국민적 합의가 만들어졌고, 이에 따른 전기요금 상승을 독일 국민이 받아들인 덕분이다. 우리나라에서는 정부가 최근에 '제3차 에너지기본계획'의 안을 발표하면서, 2017년 현재 7.6% 수준인 재생에너지 발전 비중을 2040년에 30~35% 수준으로 증가시키겠다는 목표를 제시했다. 탈석탄·탈원전의 정책 방향도 함께 제시됐다. 이러한 목표를 달성하기 위해서는 태양광 발전의 비중을 크게 늘려야 한다. 그런데 이러한 에너지 전환 정책을 둘러싼 큰 논란이 예상된다. 한편에서는, 이러한 정도로 기후변화 대응을 위한 우리나라의 책임을 과연 다할 수 있는 것인지를 비판할 것이고, 다른 한편에서는, 이러한 방향의 에너지 전환이 우리나라의 실정에 맞는 것인지에 대한 비판이 있을 것이다.

두 번째는, 정부 차원의 기후 행동과 관련하여 최근 주목을 받기 시작한 이른바 '녹색 뉴딜(Green New Deal)'이다. 화석연료를 100% 재생에너지로 전환하면서, 이에 따라 발생하는 경제적 기회를 활용하여 소득을 늘리고 불평등을 완화하겠다는 정책이다. 현재 세계가 처한 두 가지 위기인 기후변화와 사회적 불평등의 문제를 동시에 해결하는 방안으로 기대를 모으고 있다. 이러한 녹색 뉴딜을 최초로 공식화한 나라는 중미의 작은 나라 코스타리카로서, 2050년까지 화석연료 제로(zero)를 만들겠다고 선언했다. 국토의 절반이 숲으로 덮여 있고, 수력 자원이 풍부한 코스타리카로서는 도전해 볼 만한 목표이다. 그런데 녹색 뉴딜 정책이 최근 세계적 관심을 끌기 시작한 것은 미국에서 이 논의가 본격적으로 제기되고 있기 때문이다. 2018년 미국 중간선거에서 29세의 히스패닉계 사회운동가인 오카시오-코르테스(Alexandria Ocasio-Cortez)가 10년 이내에 온실가스 배출을 제로로 하는 에너지 전환 정책과 완전고용, 소득 재분배 정책을 결합하는 '녹색 뉴딜'을 공약으로 제시하며 뉴욕에서 하원의원에 당선되었다. 이후 미국 민주당 내에서 2020년 대통령 선거의 주요 이슈로 부상하고 있다.

에너지 전환은 기후변화를 막기 위해서도 필요하지만, 고용을 창출하고 에너지 자립을 높이며, 경제 성장과 불평등 완화를 위한 정책수단으로 활용될 수도 있다. 쿠테헤스 총장이 반복해서 강조하고 있는 포인트이기도 하다. 그러나 그만큼 정치적 반대가 강할 수 있다는 점을 상기시켜 주는 것이기도 하다. 탄소 에너지에 기초한 기존의 경제적 이해관계 재편을 의미하기도 하고, 에너지 가격의 상승을 의미할 수도 있으며, 우리의 생활방식을 바꾸어야 할 수도 있기 때문이다. 기후 행동으로서 녹색 뉴딜은 매력적인 대안이 될 수 있지만, 이를 둘러싼 정치적 논란과 경쟁은 이제부터가 시작이라고 볼 수 있다.

사회적 차원

기후 행동은 사회의 여러 분야에서도 일어나고 있다. '재생에너지 100%(RE 100)'를 주창하며 활동하고 있는 전문가 단체들로부터 기후변화가 대멸종을 가져오고 있다고 경고하는 시민단체 '멸종 저항(Extinction Rebellion)'의 시위에 이르기까지 매우 다양한 주체들이 다양한 방법으로 기후 행동에 참여하고 있다. 또한, 화석연료 관련 기업에 대한 투자를 중단하는 '기후변화 관련 기관투자집단(Institutional Investors Group on Climate Change, IIGCC)'로부터 '탄소 제로 이니셔티브(Zero Carbon Initiative)'에 앞장서는 기업과 대학들에 이르기까지 매우 다양한 내용의 활동들이 전개되고 있다.

이러한 기후 행동들은 에너지 전환을 촉진해 기후변화를 직접 막는 데 이바지하는 한편, 정부에 대한 정치적 압력으로 작용하거나 개인들의 의식을 바꾸어 다른 차원에서 기후 행동이 일어나도록 이끄는 역할도 한다. 물론 사회적 차원에서도 기후 행동을 둘러싼 갈등이 일어날 수 있다. 기후변화를 부정하는 학자들도 존재하고, 시민단체들의 기후 행동에 반대하는 단체들도 존재하며, 정부의 기후 행동을 막기 위해 로비활동을 하는 경제단체들도 있기 때문이다. 기후 행동이 결국 정치의 문제일 수밖에 없는 이유이기도 하다.

개인 차원

이 책의 제5장을 집필한 공우석 교수는 개인 차원에서의 소비가 자연생태계와 기후변화에 미치는 영향을 몇 가지 사례들을 통해 재미있게 말해주고 있다. 예컨대, 한국이나 중국에서 불고 있는 커피 열풍 때문에 중국 남부에서 동남아 지역에 이르기까지 많은 숲이 커피 농장으로 바뀌고 있고, 중국에서의 새우 소비 증가로 인하여 열대 지역의 맹그로브숲 나무들이 잘려나가고 그 자리에 새우양식장이 들어서고 있다고 한다. 소고기 1*kg*을 생산하려면 곡물 10*kg*을 먹여야 하고, 두 마리의 소가 내뿜는 온실가스의 양은 자동차 한 대가 1만*km*를 주행하며 내뿜는 온실가스양과 맞먹는다고 한다.

그러면 기후변화를 막기 위한 기후 행동에 동참하려면, 커피도 안 마셔야 하고, 새우도 소고기도 먹지 말아야 한단 말인가? 한 걸음 더 나아가, 자동차보다는 자전거를 타거나 걸어 다니고, 자동차를 꼭 타야 한다면 전기자동차나 소형자동차를 이용해야 하는가? 비닐이나 플라스틱은 사용하지 말고, 공산품 소비도 줄이고, 먹는 것도 될 수 있으면 줄여야 하는가? 사실 지속 가능한 지구를 위해서는 이렇게 해야 하는 게 맞다. 그리고 가난한 개도국의 가난한 사람들은 어쩔 수 없이 지속 가능한 지구에 이바지하는 방법으로 살고 있다. 그러나 이들을 제외한 대부분의 지구인 중에서 과연 얼마나 많은 사람이 지구의 지속가능성을 위해 자기 삶의 방법을 바꿀 것인가? 절대로 충분히 많지는 않을 것이다. 그렇다면 개인 차원의 기후 행동은 어떻게 해야 하는가?

첫째, 기후변화 문제에 민감한 세계시민이 돼야 한다. 기후변화는 인류의 생존이 걸린 문제이다. 기후변화를 막기 위한 정부와 사회 차원의 기후 행동에 관심을 두고 지지를 보내야 한다. 자동차의 배기가스 규제를 강화하는 정부 정책에 찬성하고, 휘발유 세금을 내리는 정책에는 반대해야 한다. 태양광 발전이나 풍력 발전과 자연환경 보호 사이에 충돌이 있을 때도 될 수 있으면 전자를 위해 후자를 포기할 수 있어야 한다. 에너지 전환을 위해 어느 정도의 전기료 인상은 감내할 수 있어야 한다. 우리의 일상생활에서 접할 수 있는 이런 등등의 많은 갈등적 이슈들에서 기후 행동의 편에 서는 시민의식이 필요하다.

둘째, 기후 행동에 대한 의식을 가진 현명한 소비자가 돼야 한다. 커피를 마시더라도 가난한 농부들이 생산한 원두를 공정무역으로 가져온 것을 골라서 마시고, 고기를 먹더라도 소고기보다 닭고기나 돼지고기를 먹고, 소고기를 먹을 때에도 곡물 사료보다 풀을 먹고 자란 소의 고기를 먹는 방법을 찾아야 기후 행동에 부합한다. 국산 농산물을 소비하자는 '신토불이'도 식품의 '탄소발자국(Carbon Footprint)'을 줄여 결국 기후 행동에 부합하는 일이 될 수 있다.[13] 가능하면 비행기보다 기차를 이용하고, 가전제품이나 자동차도 에너지 효율이 높은 제품으로 사용하면 나의 에너지 소비를 줄이고 온실가스 배출량을 줄일 수 있다. 개인들의 이러한 소비 행동들이 모이면, 사회의 소비패턴, 생산패턴을 바꾼다. 기후변화를 막고 지구를 인간이 살 수 있는 곳으로 보존하는 길이 여기서부터 시작될 수 있다. 그리고 이러한 시민이 많아질 때, 사회도 바뀌고 정치도 바뀔 수 있다.

1 2014년 IPCC 〈5차 보고서〉에 따르면, 2010년 기준 가스별 온실가스 배출량을 온실효과의 상대적 강도를 생각한 이산화탄소 동등치로 계산했을 때, 이산화탄소가 76%(화석연료 관련 65%, 농림업 11%), 메탄이 16%, 이산화질소가 6.2%, 불화 가스들이 1.1%를 차지한다.

2 재생에너지와 신재생에너지의 차이는 최근의 공학적 기술을 사용해서 에너지를 생산하느냐의 여부에 따라 구분된다. 수력이나 땔감 나무는 재생에너지이고, 태양광, 풍력, 지열 등을 이용한 발전은 신재생에너지이다. 육지와 바다의 식물들을 직접 땔감으로 사용하지 않고 신기술을 사용하여 바이오 에너지로 바꾸면 신재생에너지가 된다. 전통적인 화석연료 에너지와 달리 재생에너지와 신재생에너지는 기후 행동에 도움이 된다. 바이오 에너지의 경우 온실가스를 배출하지만, 원료인 바이오매스가 자라는 동안 대기 중의 이산화탄소를 줄여주기 때문에 온실가스 중립적이라고 말할 수 있다. 더욱이 바이오 에너지를 사용할 때 이산화탄소 포집하여 저장하는 장치를 사용한다면, 바이오 에너지로의 전환도 대기 중 이산화탄소 감축에 이바지할 수 있다.

3 대기 중 '이산화탄소 제거(CDR)' 관련 기술들에 대한 최근 논의에 대한 좋은 길잡이는 Keller et al(2018) 참조.

4 우리나라의 경우, 산림청과 국립산림과학원이 펴낸 〈주요 산림 수종의 표준 탄소흡수량〉에 따르면, 다 자란 30년생 소나무 숲 1Ha가 연평균 10.8t의 이산화탄소를 흡수하고, 참나무 숲은 12.1t을 흡수한다고 한다. 나무 한 그루당으로 계산하면, 다 자란 소나무는 연간 6.6kg, 참나무는 10.8kg을 흡수한다고 한다. 중형 승용차 1대가 1년 동안 1만km를 주행할 경우 1.3t의 이산화탄소를 배출하는데, 이는 소나무 200그루의 이산화탄소 흡수량과 맞먹는 양이다

5 영어 표현으로 BECCS 또는 BECCU로 불리는 기술로서 Bioenergy with Carbon Capture and Storage/Utilization의 약자이다. 2018년 10월 인천 송도에서 열린 IPCC 총회의 〈지구온난화 1.5℃ 보고서〉에서도 탄소 포집/저장을 겸비한 바이오 에너지를 핵심 기술로 제시했다. 작물을 재배해 공기 중 이산화탄소를 흡수하고, 그 작물을 바이오 연료로 만들어 에너지를 사용하고, 그때 나오는 이산화탄소는 땅속에 묻는 것이다. 결국, 공기 중 이산화탄소를 포집해서 땅속에 저장하는 결과가 된다.

6 이러한 위험 때문에 국제적인 합의에 따라 지구공학 실험이 금지된 예도 있다. 대부분의 바다는 철 성분이 부족해서 플랑크톤이 살 수 없다. 철 성분을 바다에 살포하면 식물성 플랑크톤이 대기 중 이산화탄소를 흡수하며 급속히 증식한다. 그 뒤 바다 밑으로 가라앉으면 이산화탄소를 줄이는 효과가 있다. 하지만 이 방법은 부영양화를 가져올 수 있으며 독성을 만들어내 해양 생태계에 부작용을 일으킬 가능성이 크다. 이 때문에 2008년 UN 생물다양성협약에서는 연안 해역에서 실시되는 소규모 실험을 제외한 모든 해양 비옥화 실험을 정지하기로 합의했고, 2016년에 다시 실험 정지 기간을 연장했다. 2013년 해양 오염 협약에서도 해양에서 지구공학 실험을 금지했다.

7 지구공학의 개념은 위에서 설명한 이산화탄소 직접 제거 기술을 가끔 포함하는 것으로 사용되기도 한다. 이에 비교해 태양지구공학은 지구로 오는 햇빛을 성층권에서 차단하는 기술을 특정해서 가리킨다. 따라서 이 소설에서 지구공학은 태양지구공학을 가리키는 것으로 한정적으로 사용한다. 이산화탄소 직접 제거 기술 등을 포함한 지구온난화 대응을 위한 다양한 공학적 방법들은 기후 공학(Climate Engineering)이라는 개념으로 부르는 것이 개념상의 혼란을 막는 방법이다.

8 키스 교수 그룹의 실험 프로젝트들에 대한 정보는 https://keith.seas.harvard.edu를 참조.

9 '철해염에어로졸'에 의한 지구공학의 방법에 대한 소개는 이를 제안하는 사람들이 운영하는 홈페이지(ironsaltaerosol.com)에서 찾을 수 있다.

10 이 방법에 대한 소개는 북극 얼음 보호를 위한 연구를 주도하고 있는 'Ice911 Research'의 홈페이지(www.ice911.org)에서 구할 수 있다.

11 봉준호 감독의 '설국열차'(2013년 개봉)가 상정하고 있는 초빙하기는 기후변화 대응을 위해 살포한 냉각제 CW-7 때문에 도래했었다. 지구공학의 예상치 못한 위험을 경고한 것으로 이해할 수 있다.

12 왈라스 웰스는 2017년 7월 뉴욕메거진에 같은 제목의 특집기사를 먼저 실었다. 또한, 단행본이 나오기 직전 이를 소개하는 인터뷰를 뉴욕타임스와 했다(Wallace-Wells 2019).

13 '탄소발자국'이란 인간의 활동이 발생시키는 온실가스의 총량을 가리킨다. 만약 해외에서 수입된 식품을 소비하면, 그 식품의 운송에 사용된 에너지의 양이 많기에 탄소발자국이 당연히 증가한다. 지기용으로 출근하는 것보다 대중교통으로 출근하는 것이 탄소발자국을 줄인다. 이처럼 이 개념은 우리의 모든 활동에 적용해서 우리가 얼마나 기후 행동에 동참하며 살고 있는지를 평가할 수 있다.

참고문헌

산림청·국립산림과학원. 2012. 『주요 산림 수종의 표준 탄소흡수량』. www.forest.go.kr.

Brown, Lester. 2015. *The Great Transition: Shifting from Fossil Fuels to Solar and Wind Energy.*

장성우·조윤택 역. 『에너지 대전환』. 서울: 도서출판 어문학사, 2016.

Deng, Yvonne, K. Blok & Kees van der Leun. 2015. "Transition to a Fully Sustainable Global Energy System," *Energy Strategy Reviews,* Vol.1.

Field, L. et al. 2018. "Increasing Artic Sea Ice Albedo Using Localized Reversible Geoengineering," *Earth's Future,* Vol.6 Issue 6.

IEA(International Energy Agency). 2018. *World Energy Outlook 2018.* Paris, OECD/IEA.

IEA. 2011. *Solar Energy Perspectives.* Paris, OECD/IEA.

IRENA(International Renewable Energy Agency). 2018. *Renewable Power Generation Costs 2017.* Abu Dhabi, IRENA.

Keith, David. 2019. "Let's Talk about Geoengineering," www.project-syndicate.org (March 21, 2019).

Keller, David, A. Lenton, E. Littleton, A. Oschlies, V. Scott and N. Vaughan. 2018, "The Effects of Carbon Dioxide Removal on the Carbon Cycle," *Current Climate Change Reports,* Vol.4 Issue 3.

Marvel, Kate, B. Kravitz and K. Kaldeira. 2012. "Geophysical Limits to Global Wind Power," *Nature Climate Change*, Vol.3.

Peterson, Erik Lundtang. 2017. "In Search of the Wind Energy Potential," *Journal of Renewable and Sustainable Energy*, Vol.9.

Oeste, Franz Dietrich, R. de Richter, T. Ming & S. Caillol. 2017. "Climate Engineering by Mimicking Natural Dust Climate Control: The Iron Salt Aerosol Method," *Earth System Dynamics*, No.8.

Prentiss, Mara. 2015. *Energy Revolution: The Physics and the Promise of Efficient Technology*. Cambridge: Harvard University Press.

Wallace-Wells, David. 2019. "Time to Panic," *New York Times*, February 16, 2019.

저자 약력

공우석

기후변화와 생태계 문제를 북극권과 한반도 높은 산에 분포하는 고산식물을 대상으로 탐구하는 과학자이다. 자연생태계와 환경문제를 연구하고 가르치는 데 머물지 않고 생활 속에서 실천하며 문제를 해결하고 있다. 영국 헐대학교(University of Hull)에서 생물지리학으로 이학박사 학위를 받았고 현재 경희대학교 지리학과 교수다. 지은 책으로 『왜 기후변화가 문제일까?』, 『키워드로 보는 기후변화와 생태계』, 『생물지리학으로 보는 우리 식물의 지리와 생태』, 『한반도 식생사』, 『북한의 자연생태계』, 『침엽수 사이언스 I』 등이 있다.

권원태

미국 텍사스A&M대학교에서 기후 역학으로 박사학위를 받은 후 줄곧 기후와 기후변화를 연구해왔다. 기상청 국립기상연구소에서 기후연구과장과 연구소장을 역임하면서 국내 기후변화 과학연구 기반을 조성하는 데 이바지하였다. 2003년 이후 기후변화 학술대회를 지속해서 개최하여 한국기후변화학회를 설립하는 데 이바지하고 4대 기후변화학회장을 역임하였다. 2001년 이후 약 15년간 IPCC 총회에 정부 대표로 참여하였으며, IPCC 4차, 5차 및 6차 평가보고서에 주저자로 참여하고 있다.

김성중

극지연구소에서 최근 급격히 진행되고 있는 북극의 온난화가 중위도 기상에 미치는 영향을 파악하고 예측에 활용하고자 하는 연구를 수행하고 있다. 북극 온난화가 중위도 한파에 미치는 영향을 파악하고 기작을 밝힌 연구결과를 Nature 자매지 등에 다수 기재하였다. 과거의 기후변화 연구도 진행해 오고 있는데, 마지막 최대 간빙기 동안 남극과 북극의 기후변화 시소 현상을 밝혀 사이언스에 등재하였다. 남극의 기후변화 연구도 진행 중인데, 북극과 비교하면 남극의 온난화가 거의 일어나지 않는 이유를 밝히기 위한 연구프로젝트를 수행 중이다. 2017년에는 남극 세종과학기지 월동 연구대를 이끌고 남극에서 현장 연구를 수행하는 데 역할을 하였으며, 북극과학위원회 대기워킹그룹위원 그리고 남극과학위원회 물리섹션 대표로 활동 중이다.

김성진

한양대학교 에너지거버넌스센터에서 기후변화정책, 국제에너지안보, 지구환경정치를 연구하고 있다. 서울대학교 외교학과(현 정치외교학부)에서 학사, 석사, 박사를 마치고, 고려대학교 그린스쿨 연구교수를 지냈다. 최근 저술로는 『시장구조의 변화와 가치사슬을 고려한 한국 태양광 산업의 육성 방향』, 『파리기후체제는 효과적으로 작동할 것인가?』, 『한국 에너지 외교의 도전과 과제』 등이 있다.

오형나

경희대학교 국제학과에서 게임이론과 계량경제학을 가르치고 있으며 기후변화와 관련된 사회경제 이슈와 신뢰(trust)에 관심이 있다. 최근 저술로는 "The Cross-border Spillover Effect of Particulate Matter Pollution between China and Korea(KER, 2019)", "Limited Income Mobility(Social Indicators Research, 2018)", "Korea's Approach to Overcoming Difficulties in Adopting the Emission Trading Scheme(Climate Policy, 2017)" 등이 있으며, 현재 〈Climate Policy〉, 〈경제학 연구〉, 〈재정학연구〉 등 국내외 저널의 편집진으로 활동하고 있다.

정진영

경희대학교 국제학과에서 국제정치경제학을 가르치고 있다. 개발의 정치경제학을 전공하였으며, 국제무역과 세계금융이 개별 국가들의 정치와 경제에 미치는 영향에 관심이 많다. 최근 저술로는 "세계화와 자유민주주의 위기의 두 얼굴: 신자유주의와 포퓰리즘의 정치적 동학"(한국정치학회보, 2018), "유럽연합(EU) 금융거래세 도입은 왜 실패했는가?"(국제정치논총, 2018) 등이 있으며, 기후변화와 에너지 전환 문제에 관심을 갖고 "에너지와 평화: 에너지 전환의 국제정치" 연구프로젝트(미래사회에너지정책연구원, 2018)의 책임자로서 보고서 작성에 참여했다.

조천호

대기과학자. 연세대학교에서 대기과학을 공부했다. 국립기상과학원에서 30년간 일하고 원장으로 퇴임했다. 전 세계 날씨를 예측하는 수치 모델과 전 세계 탄소를 추적하는 시스템을 한국에서 처음으로 구축했다. 기후변화 과학이 우리가 살고 싶은 세상과 어떻게 연결되는지를 공부하고 있다. '변화를 꿈꾸는 과학기술인 네트워크(ESC)'에서 활동하고 있다. 최근 기후변화에 관한 단행본 『파란하늘 빨간지구』를 출간하였다.

(가나다 순)

일반인을 위한

기후변화의 과학과 정치

초판 1쇄 발행 2019년 7월 30일
초판 3쇄 발행 2021년 10월 12일

지은이 정진영, 조천호, 권원태, 김성중, 공우석, 오형나, 김성진
펴낸이 한균태
펴낸곳 경희대학교 출판문화원
주소 서울시 동대문구 경희대로 26
전화 02-961-0106~8
팩스 02-961-0291
설립 1960년 9월 16일 제5-8호
등록 1977년 11월 8일 제6-5호
홈페이지 www.khupress.com
전자우편 press@khu.ac.kr

ISBN 978-89-8222-638-0 (93450)

이 책은 재생종이로 만든 책입니다.